Elisa Täufer Loreen Eiffler

FRÄULEIN IMMERSATT

Zuckerfrei mit Kindern

für den Thermomix®

Über 70 einfache Rezepte für die ganze Familie

Ohne Haushaltszucker und künstliche Süßstoffe

riva

Inhalt

Warum wir dieses Buch geschrieben haben

Deine Suche hat ein Ende, du hältst mich endlich in deinen Händen: dein Buch für ein zuckerfreies Leben. Dein Buch für mehr Wissen und mehr Tipps. Dein Buch mit tollen und einfachen Rezepten, die der ganzen Familie schmecken.

Es ist unser Herzensprojekt, welches wir hier auf diesen Seiten verewigen. Wir, das sind Elisa und Loreen. Wir sind Mamas, Ernährungsberaterinnen und Bloggerinnen. Wir sind mit Spaß und Freude dabei, dir ein gesundes und ausgewogenes Leben zu zeigen. Ein Leben, was dir und deinen Kindern guttut.

Es ist nicht zu übersehen: Die Menschen in den Industrienationen werden immer dicker und kranker. Zwar werden wir auch immer älter, aber die Krankheitsrate steigt gleichzeitig. Und ebenso nehmen die Krankheitsarten zu. Schlanke und fitte Menschen sind eine Seltenheit, obwohl wir uns irgendwie alle im Fitnesswahn befinden. Die meisten schleppen Fettpölsterchen mit sich herum und haben wenig Lust auf Sport und Bewegung.

In den letzten Jahren haben wir uns viel mit dem Thema Ernährung beschäftigt. Von modernen Diäten bis hin zu innovativen Sportprogrammen, wir testeten vieles. Mit unseren Kindern kam dann der helle Wahnsinn auf uns zu. Das Thema Zucker interessierte uns dabei besonders. Daher machten wir uns schlau und arbeiteten uns mehr und mehr in dieses Thema ein. Umso mehr wir lasen, desto klarer erkannten wir die erschreckende Tatsache, dass viele einfach nicht über das Thema Bescheid wissen.

Immer mehr Kinder erkranken an Diabetes Typ 2. Es ist mittlerweile eine viel zu häufige Krankheit unter Jugendlichen geworden. Adipositas, also Fettleibigkeit, verbreitet sich hierzulande unter Jugendlichen ebenfalls immer weiter. Warum ist das so? Ernähren wir uns alle so falsch? Die Antwort ist leicht: JA, das tun wir leider. Aus Unwissenheit.

Wir haben es uns mit unserem Blog Fräulein Immersatt zur Aufgabe gemacht, unsere Leser mit Rezepten und vielen wissenswerten Tipps rund um ein zuckerfreies Leben zu versorgen und zu erfreuen. Wir möchten euch ermutigen, ein zuckerfreies Leben in die Tat umzusetzen, was gar nicht so schwer ist, wie es sich anhört.

Gerade Kinder liegen uns sehr am Herzen, da sie oft Opfer falscher Ernährung sind. Sie sind auf uns angewiesen. Wir sollten ihnen zeigen, wie sie gesund bleiben und dabei zu genießen lernen. Wir möchten Kindern und ihren Eltern helfen, sich täglich ausgewogen und lecker zu ernähren.

Fräulein Immersatt steht euch mit Rat und Tat zur Seite, aus ganzem Herzen. Wir sind Mamas, verstehen den stressigen Alltag mit Kindern sehr gut, weil wir ihn selbst täglich erleben. Wir kennen die schlaflosen Nächte und die Kuscheltage mit krankem Kind. Wir kennen das alles. Und trotzdem wollen wir dir zeigen, wie du es schaffen kannst, leicht und zuckerfrei zu leben. Es ist möglich!

Wir wünschen dir unheimlich viel Spaß beim Lesen unseres Buches und hoffen, dass dir unsere Tipps helfen und dir viele unserer Rezepte genauso gut schmecken wie uns.

Bleib gesund und munter!

Wie Fräulein Immersatt begann

Fräulein Immersatt würde es ohne die heutige digitale Welt und ohne Social Media gar nicht geben. Denn Elisa und Loreen, die Gesichter hinter diesem süßen Fräulein, haben sich genau in dieser digitalen Welt kennengelernt. Wir können heute eigentlich gar nicht mehr genau sagen, wie wir uns dort gefunden haben, aber aufgrund gemeinsamer Interessen wie gesunder Ernährung und Sport folgten wir einander und verfolgten so auch das Leben der Anderen.

2016 stellten wir fest, dass wir tatsächlich zeitgleich schwanger waren – eine weitere Gemeinsamkeit. Wir tauschten uns immer mehr aus über Themen wie eine ausgewogene Ernährung oder auch Sport in der Schwangerschaft und natürlich ebenso über unseren Alltag. Es war einfach schön, dass sich hier zwei vermeintlich fremde Frauen fanden und so viel Gesprächsstoff hatten. Aber dann nahm die Geschichte von Elisa und Loreen noch einmal eine ganz neue Wendung.

Im Dezember 2016 traf Loreen, die eigentlich in Lünen wohnt, aber gerade aufgrund geschäftlicher Termine ihres Mannes in Hamburg war, in einem kleinen Café in Hamburg auf Elisa. Sie erkannten sich direkt und begrüßten sich freudestrahlend mit den Worten: »Das gibt's doch nicht …«. Von dieser Sekunde an standen unsere Handys kaum noch still. Es fing an mit Nachrichten und endete in endlos langen Telefonaten über Gott und die Welt. Im Vordergrund stand auch hier immer die gesunde Ernährung. Nun, da wir beide Mamas waren, wurde das Thema Ernährung noch einmal aus einer ganz anderen Perspektive beleuchtet. Es ging von nun an nicht mehr nur um die eigene Lebensweise, sondern auch um die unserer Kinder.

Aber auch andere Zufälle ließen uns schmunzeln und immer mehr glauben, dass unsere Begegnung eben kein Zufall war. Sei es das exakt gleiche Tattoo-Motiv auf unserem Körper, der ähnliche berufliche Lebenslauf oder aber eben auch der große Wunsch, etwas erschaffen zu wollen, mit dem wir informieren, inspirieren und in erster Linie helfen können. Nach stundenlangen Gesprächen und vielen Ideen stand endlich fest, es ist Zeit, zu handeln. Am 21. November 2017 startete unser Blog Fräulein Immersatt.

Das Wort »Immersatt« stand schnell fest. Es sollte eben nicht um irgendwelche Diäten gehen, sondern um einen gesunden und ausgewogenen Lebensstil. »Immer satt mit gesunden Lebensmitteln« war von nun an die Devise. Tja, und auch das »Fräulein« war schnell entschieden. Schließlich sollten besonders Eltern bzw. ihre Kinder erreicht werden. Es sollte sich weniger um eine Marke, vielmehr um eine kleine Persönlichkeit handeln. Ein kleines, freches Mädchen, das dich verschmitzt anlächelt und dir mit Rat und Tat zur Seite steht.

Fräulein Immersatt ist unsere große Leidenschaft, unser Baby. Vielleicht wurde an dem besagten 21. November nicht nur Fräulein Immersatt, sondern auch ein kleiner Teil von uns neu geboren …

Warum wir die absoluten Thermomix®-Fans sind

Haben wir etwa das Kochen und Backen verlernt? Damals, als Oma und Mama in unserem Alter waren, ging es doch auch. Natürlich geht es auch ohne. Wenn wir viel Zeit haben und uns die Lust packt, dann probieren wir gerne neue Rezepte aus. Wir kneten Teig zu guter Musik und rühren im Topf mit einem wohltuenden Grinsen auf dem Gesicht. Aber der Mami-Alltag bietet nicht immer ausreichend Ruhe, die man braucht, um sich voll und ganz dem Kochen und Backen zu widmen.

Wir sind modern, daher verwenden wir auch gerne moderne Küchengeräte. Es hat eine Weile gedauert, bis wir uns dazu durchringen konnten, den Thermomix® zu kaufen. Aber mittlerweile ist er nicht mehr wegzudenken und läuft 1–2 Mal am Tag.

Vorteile:

- Du sparst Zeit.
  Ein absoluter Vorteil ist die enorme Zeitersparnis. Zwar sind die Gerichte nicht viel schneller fertig, aber du kannst während eines Kochvorgangs andere Dinge erledigen. Keiner muss ständig schauen, ob der Milchreis anbrennt. Stattdessen hast du Zeit, den Tisch zu decken, die Wäsche aufzuhängen, mit deinen Kindern noch ein Buch zu lesen oder auch einfach mal Zeit für dich zu haben. Jede Mama kennt es: wann haben wir einmal Zeit, um in Ruhe eine Tasse Tee auf dem Sofa zu trinken?

- Du hast mehr Sicherheit in der Küche.
  Wenn du ein Mittagessen ganz traditionell zubereitest, stehen oftmals 2–3 Töpfe auf dem Herd, meist ohne Deckel. Wir finden es toll, dass unsere Kinder in der Küche dabei sind, aber schaut man nur einmal nicht hin, sind die kleinen Kinderhände womöglich an einem heißen Topf gelandet. Beim Thermomix® hingegen ist der Topf verschlossen und die rote Farbe signalisiert dem Kind , dass es nun heiß ist. Ein toller Lerneffekt, wie wir finden.

  Wenn du schon ältere Kinder zu Hause hast, können sie sich nach der Schule ihr Mittagessen sogar selbst zubereiten. Durch das interaktive Menü lassen sich tolle Gerichte heraussuchen. Man kann einfach nichts falsch machen. Die Thermomix® Cookido®App und der Internetzugang des Geräts macht es für die junge Generation super spannend

- Deine Kinder können helfen.
  Kinder sollen von Beginn an dabei sein, wenn in der Küche gezaubert wird. Wir lieben auch unseren »Learning Tower« nach Montessori. So können unsere Kinder genau beobachten, was auf der Arbeitsplatte passiert ohne nur zuzusehen. Da verlieren die Kleinen schnell das Interesse. Hast du keinen »Learning Tower«, tut es auch ein Stuhl. Aber bleib dann bitte neben deinem Kind stehen, damit es nicht aus Versehen herunterfällt.

  Da unsere Kinder nun auf Augenhöhe mit uns arbeiten können, können sie auch mithelfen. Es dauert zwar alles etwas länger, aber so weckt man ihr Interesse am Kochen und Backen. Übrigens: Naschen ist erlaubt. Unsere Kinder lieben es, wenn sie Zutaten in den Thermomix® werfen können. Sie finden das Rütteln lustig und wissen genau am Läuten der Klingel, wann das Essen fertig ist.

- Du kochst gesund und frisch.
  Durch die vielen Rezepte, die wir dir in diesem Buch zeigen, kannst du tolle gesunde Leckereien machen. Die Zutaten sind so ausgewählt, dass du die meisten zu Hause hast. Du brauchst also nicht auf Fertigprodukte zurückgreifen. Es ist einfach und simpel.

- Du hast mehr Platz.
  Durch die vielen Funktionen haben wir uns nach und nach von vielen kleinen Küchenhelfern trennen können. Kein Pürierstab mehr, kein Mixer mehr. Und das hat zur Folge, dass unsere Küche viel aufgeräumter ist. Plötzlich ist wieder mehr Platz in den Schränken. Der Thermomix® nimmt nicht viel Raum ein und sieht, wie wir finden, auch noch sehr gut aus.

Nachteil:

- Der Preis.
  Wer sich einen Thermomix® anschaffen will, schaut vorher nochmal aufs Sparkonto. Es ist eine gut überlegte Investition. Wir finden allerdings, dass es sich absolut lohnt. Jeder Cent ist hier gut angelegt, nämlich in ein gesundes Leben. Mit dem Thermomix® kannst du deine Familie und dich mit leckeren Speisen erfreuen, die du sonst vielleicht im stressigen Mami-Alltag nicht geschafft hättest.

Wie bereits erwähnt: Wir sind absolute Thermomix®-Fans. Und wir freuen uns, dass du nun mit diesem Buch über 70 tolle Rezepte ausprobieren kannst. Alles industriezuckerfrei, alles frisch und alles gesund.

Warum zuckerfrei?

Die Chemiker unter uns sehen es ganz einfach: Im Grunde ist Zucker nur ein Kohlenhydrat. Dabei wird unterschieden zwischen Einfachzucker, wie Traubenzucker (Glukose) und Fruchtzucker (Fruktose), und Zweifachzucker, wie zum Beispiel unser Haushaltszucker (Saccharose). Dieser besteht sowohl aus Glukose als auch aus Fruktose. Zweifachzucker bedeutet: Es gibt zwei Zuckermoleküle, das heißt die doppelte Menge.

Zucker gibt es seit Tausenden von Jahren. Das Zuckerrohr wurde schon 500 v. Chr. in China und Indien angebaut. Die Gewinnung von Zucker aus unserer bekannten Zuckerrübe begann erst im 18. Jahrhundert. Der Mensch hat seine Gier nach Süße lange Zeit nur über Obst gestillt. Und das auch noch selten, denn Obst gehörte zu den Luxusgütern. Nicht jede Bevölkerungsschicht hatte die Möglichkeit, ausreichend und gesund zu essen. Getreide stand daher oft auf dem täglichen Speiseplan.

Heutzutage ist Zucker zu einem der größten Probleme unserer Ernährung geworden. Das Problem betrifft uns alle und es betrifft uns überall auf der Welt.

80
Prozent
aller Lebensmittel im Supermarkt enthalten zugesetzten Zucker

15
Stück
Würfelzucker sind in manchen Limos enthalten

35
Kilogramm
Zucker isst jeder Deutsche pro Jahr an Zucker

Ärzte und Ernährungswissenschaftlicher werden nach und nach aufmerksamer auf die Verbreitung von Krankheiten, die in Zusammenhang mit Zucker stehen. Einige Länder haben bereits versucht, den Zuckerkonsum über eine Zuckersteuer einzudämmen. So wurden zuckerhaltige Lebensmittel um ein Vielfaches teurer. Ein Modell auch für Deutschland?

Um zu verstehen, was Zucker in unserem Körper alles auslöst, müssen wir seine Wirkungsweise beleuchten. Wir müssen begreifen, warum er so schädlich für uns ist.

Was beim Verzehr von Zucker im Körper passiert

Essen wir Zucker oder Speisen mit Zucker gelangt dieser, wie jedes andere Nahrungsmittel auch, zuerst einmal in unseren Mund. Dort werden die Geschmacksknospen aktiviert. »Süß« ist eine unserer fünf Geschmacksempfindungen neben bitter, sauer, salzig und umami (würzig).

Als nächstes gelangt der Zucker in den Magen, wo unsere Nahrung zerlegt wird, und dann weiter in den Dünndarm. Über die Dünndarmwand gelangt der Zucker auch in unser Blut. Wir brauchen Energie und Zucker ist unter anderem ein Energielieferant. Allein unsere Gehirnzellen brauchen täglich 140 Gramm Glukose. Die Glukose muss also in die Zellen transportiert werden. Kein Problem, unsere Bauchspeicheldrüse hat den Auftrag verstanden und produziert Insulin. Dieses Hormon ist eine Art Schlüssel, das die

Zellen »aufschließt«. Überschüssiger Zucker wird eingelagert. Man könnte ihn ja später noch gebrauchen. Also ab damit in die Fettzellen. So weit, so gut.

Essen wir z.B. einen Apfel, braucht unser Körper eine gewisse Zeit, um diesen in seine Einzelteile zu zerlegen. Es gibt Faserstoffe, sekundäre Pflanzenstoffe, Flüssigkeit und so weiter. Der Zucker gelangt somit langsam in unser Blut. Kein Stress für die Bauchspeicheldrüse. Anders ist es, wenn wir zum Beispiel Weingummi essen. Der kristallisierte, industrielle Zucker ist schon in seine Bestandteile zerlegt. Er liegt damit in seiner reinsten Form vor.

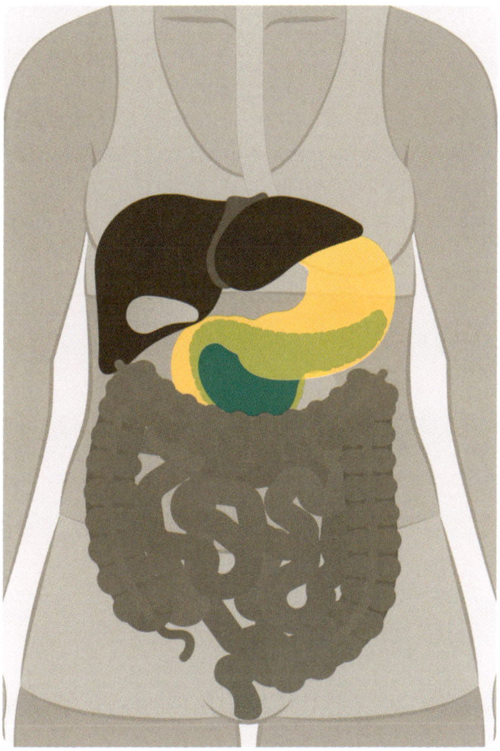

Unser Körper wundert sich nun, denn er muss den Zucker gar nicht erst zerlegen. Doch die Bauchspeicheldrüse kommt aus der Arbeit nicht mehr raus. Sie muss sehr viel Insulin produzieren. Der industrielle Zucker ist nämlich einfach in unser Blut gerauscht. Ohne Bremse, ohne Schranke. So viel Energie brauchen die Zellen gar nicht. Also gilt: jeglichen Überschuss einfangen und ab in die Fettdepots damit.

Es ist ein großer Unterschied, ob wir natürlichen Zucker oder industriell hergestellten Zucker zu uns nehmen. Heutzutage versteckt sich der industrielle Zucker in fast allen Lebensmitteln. Wir nehmen ihn also sehr häufig unbewusst zu uns. Dazu zählen nicht nur die Süßigkeiten, die wir uns ab und an gönnen. Nein, wir sprechen von Käse, Joghurt, Wurst, Tiefkühlgerichten, Backwaren, Soßen, Getränken und und und. Die Liste ist unendlich lang. Mindestens drei von vier Produkten ist Zucker zugesetzt. Erschreckend, oder?

Zuckerkonsum kann zu einer Sucht werden. Entscheidest du dich, ihm Lebewohl sagen, sind sogar richtige Entzugserscheinungen normal. Der Körper fordert den Zucker regelrecht ein. Den Zustand der Unterzuckerung nennt man »Sugar-Blues«. Man fühlt sich groggy und müde, so richtig abgeschlagen eben. Den sogenannten »Heißhunger« hattest du sicherlich auch schon einmal? Unser Gehirn ist darauf programmiert und wir können dann an nichts anderes denken als an etwas Süßes. Dies tritt sogar auf, wenn wir vorher vermeintlich nichts Süßes gegessen haben, aber in unserer Fertiglasagne war eben doch Zucker. Wir wollen dann nur eins, und zwar mehr. Ernähren wir uns viel und oft von zuckerhaltigen Lebensmitteln, kann dies schwerwiegende Folgen haben.

70

Gramm

Zucker essen wir täglich im Durchschnitt. Empfohlen sind laut Weltgesundheitsorganisation (WHO) 25 Gramm.

Gefahren bei übermäßigem Zuckerkonsum

Zu viel Zucker macht dick, das weiß jeder. Aber was stecken noch für Gefahren hinter einem übermäßigen Zuckerkonsum? Welche Krankheiten können wohlmöglich durch zu viel Zucker gefördert werden? Und hat der Zucker tatsächlich auch Auswirkungen auf unsere Psyche? Genau diese Fragen haben wir uns in der Vergangenheit gestellt. Wir haben recherchiert und die Antworten hierzu haben uns schockiert.

Fangen wir doch einmal mit der ersten Behauptung an: Zucker macht dick. Aber warum eigentlich? Schließlich hat Zucker im Vergleich zu seinem Kollegen, dem Fett, deutlich weniger Kalorien. Dennoch gibt es einen ganz entscheidenden Faktor, warum Zucker uns dick macht. Kurz zusammengefasst: Wenn du Zucker isst, steigt dein Blutzuckerspiegel an. Die Insulinausschüttung findet statt, damit die Kohlenhydrate in die Zellen geschleust werden. Dein Körper kann aber diese Fülle an Süße gar nicht aus deinem Blutkreislauf herausbefördern und speichert sie als Körperfett. Zudem führt die Insulinausschüttung zu den dir vielleicht bekannten Heißhungerattacken und setzt so immer und immer wieder den Kreislauf des Überessens in Gang. Übergewicht bzw. Adipositas ist dabei längst nicht mehr die einzige Folge eines übermäßigen Zuckerkonsums. Denn zu viel Zucker macht dich nicht nur dick, sondern auch krank.

Es gibt mittlerweile zahlreiche Erkrankungen, die durch zu viel Zucker ausgelöst oder gefördert werden können:

Karies und Zahnbeschwerden

Neben dem Übergewicht ist das wohl die mit Abstand bekannteste Folgeerscheinung von zu viel Zuckerkonsum. »Kind, iss nicht so viele Süßigkeiten, sonst bekommst du schlechte Zähne.« Jeder von uns hat auch diesen Satz schon einmal gehört, oder? Und es ist leider kein Märchen, welches dir deine Eltern gemeinerweise erzählt haben. Jeder Zahnarzt würde dir bestätigen, dass Zucker ein wahrer Zahnkiller ist.

Natürlich greifen nicht nur süße Lebensmittel deine Zähne an, sondern auch die zuckerhaltigen Getränke. Gerade bei den Kleinsten sollten wir darauf achten, dass sie süße Getränke (Folgemilch, Säfte und Co.) nicht aus ihrer Babyflasche nuckeln – schon gar nicht nachts, wenn die Zähne nach dem Verzehr nicht geputzt werden. Karies selbst ist eine Erkrankung deiner Zähne, die durch den Stoffwechsel von Bakterien entsteht. Karies entsteht genauer gesagt, wenn die im Zahnbelag enthaltenen Bakterien über einen langen Zeitraum hinweg Zucker aus deiner Nahrung in Säure umwandeln. Diese Säure macht deinen Zahnschmelz porös, so dass kleine Mikroorganismen in den Zahn eindringen und zerstören können. Und schon hast du Karies. Diese Übersäuerung kann sich außerdem negativ auf den Zahnhalteapparat auswirken und Erosionen am Zahn hervorrufen.

Diabetes

Bei Diabetes, auch »Zucker« genannt, wird zwischen Diabetes Mellitus Typ I und Typ 2 unterschieden. Diabetes Typ I ist eine Autoimmunerkrankung, die häufig bereits in der Jugend auftritt, auch »juveniler Diabetes« genannt. Die Bauchspeicheldrüse kann hier aufgrund körpereigener Fehlmechanismen das Hormon Insulin nicht selbst herstellen, weshalb es zu einem absoluten Insulinmangel kommt. Die Ernährung oder der Zuckerkonsum der Betroffenen spielen hierbei keine Rolle.

Ganz anders sieht es beim Diabetes Typ 2 aus. Hier liegt die Ursache tatsächlich sehr oft in einer Fehlernährung und/oder im Bewegungsmangel des Patienten begründet. Wir versuchen es einmal in ganz einfachen Worten zu erklären. Aufgrund der Überernährung herrscht in deinem Körper ständig ein hoher Blutzuckerspiegel. Deine Bauchspeicheldrüse schüttet wieder und wieder Insulin aus. Der viel zu hohe Insulinspiegel in deinem Körper führt dazu, dass der Sensibilitätsverlust gegenüber Insulin weiter ansteigt. Nach einiger Zeit versagen dann die insulinproduzierenden Zellen aufgrund der starken Überbelastung.

Diabetes manifestiert sich durch die sinkende Fähigkeit deines Körpers, Blutzucker abzubauen. Aber – und jetzt kommt es: Diabetes Typ 2 kann gerade zu Beginn der Erkrankung gut behandelt werden. Wird die Erkrankung rechtzeitig erkannt, kann durch eine kohlenhydrat- bzw. zuckerreduzierte Ernährung und vermehrter körperliche Aktivität der Erkrankung entgegengewirkt werden.

Vielleicht haben wir dir bis zu diesem Punkt noch gar nicht so viel Neues erzählt. Vielleicht waren dir diese Gefahren bei Zuckerüberkonsum sogar bereits bekannt. Du fragst dich vielleicht auch gerade, was in aller Welt uns an diesen Gefahren so schockiert hat. Nun, je mehr wir uns mit dem Thema Zucker und seine Auswirkungen in unserem Körper beschäftigten, desto mehr Gefahren wurden aufgedeckt. Sei es der allgemein bekannte Bluthochdruck, welcher in der Vergangenheit auf einen zu hohen Salzkonsum zurückgeführt wurde – mittlerweile weiß man nämlich, dass der Hauptverantwortliche auch hier Zucker heißt –, oder aber die heute stark verbreiteten Darmprobleme und Unverträglichkeiten. Auch hier soll es einen Zusammenhang mit dem viel zu hohen Kohlenhydrat- bzw. Zuckerkonsum in unserer Gesellschaft geben. Zu viel Zucker in deinem Körper führt außerdem zu Haut- und Haarproblemen und soll ebenso Alzheimer und Depressionen fördern. Und auf zwei weitere mögliche Gefahren des Zuckers möchten wir noch etwas Genauer eingehen.

Krebs

Ja, du hast richtig gelesen. Die Krankheit, welche uns Deutschen am meisten Angst einjagt, soll etwas mit unserem Zuckerkonsum zu tun haben. Wissenschaftler haben herausgefunden, dass eine zuckerreiche Ernährung bei der Entstehung und beim Wachstum von Krebszellen eine große Rolle spielt. Denn, um leben zu können, brauchen sie Zucker. Er ist sozusagen der perfekte Treibstoff. Ein hoher Blutzucker, wie er in deinem Körper entsteht, wenn du Süßigkeiten, Weißbrot usw. isst, soll ideal sein für jegliches Zellwachstum. Zucker und Krebs stehen demnach in einer engen Verbindung miteinander. Steigt der Insulinspiegel, fühlen sich Krebszellen eben besonders wohl. Aus ruhenden können dann aktive Krebszellen werden. Und ist der Krebs erst einmal da, soll der Zucker die Metastasenbildung deutlich erhöhen. Unser Fazit für dich: Krebs liebt Zucker!

Zuckersucht

Die Sucht nach Süßem, nach Schokolade und schlichtweg Zucker wurde in der Vergangenheit mehr oder weniger belächelt. Aber ähnlich wie Alkohol und Nikotin gilt Zucker mittlerweile nicht mehr nur als gesundheitsschädlich. Es ist tatsächlich bewiesen, dass Zucker abhängig macht. Studien im Bereich der Hirnforschung belegen, dass der Heißhunger auf immer mehr Zucker einem (Drogen-)Kick ähnelt.

Wir wissen, dieser Vergleich ist sehr radikal, aber real. Zucker löst in deinem Gehirn die Ausschüttung von Opioiden und Dopamin aus. Opioide sind Substanzen, die anregend wirken. Sie machen gute Laune, entspannen dich und wirken sogar schmerzstillend. Außerdem regen sie dein Verlangen nach immer mehr Zucker an.

Und Dopamin? Tja, vielleicht hast du auch das schon mal irgendwo gehört? Richtig, im Zusammenhang mit Kokain! Zucker regt demnach also ähnliche Belohnungsmechanismen an wie eine der stärksten, illegalen Drogen, die es gibt. Und genau diese Tatsachen haben uns vor einiger Zeit sprachlos gemacht. Diese Sprachlosigkeit hat uns nicht nur zum Nachdenken, sondern auch zum Handeln inspiriert. Wir wollten das nicht. Wir wollten weder für uns noch für unsere Kinder auch nur einen einzigen Punkt aus dieser Auflistung verursachen oder vorantreiben. Uns ist natürlich bewusst, dass wir den Zucker nicht komplett aus unserem Leben verbannen können, aber wir können ja zumindest versuchen, dass wir ihn in möglichst geringen Mengen zu uns nehmen. Es muss doch noch andere Möglichkeiten für ein »süßes Leben« geben.

Zuckerersatzstoffe

Wenn du nun nach einer für dich geeigneten Alternative suchst, um deinen Zuckerkonsum zu reduzieren oder sogar komplett zu ersetzen, gibt es mittlerweile zahlreiche Zuckerersatzstoffe auf dem Markt. Um da einen Überblick zu behalten, möchten wir dir hier einige dieser alternativen Süßungsmittel vorstellen und dir Vor- und Nachteile aufzählen.

Es gibt grundsätzlich zwei unterschiedliche Arten von Zuckerersatzstoffen. Sie unterscheiden sich in der Menge der enthaltenen Kalorien bzw. darin, wie gut die Kohlenhydrate für den menschlichen Organismus aufgeschlossen werden können.

Zunächst stellen wir dir einmal Zuckerersatzstoffe vor, die keine oder sehr wenige Kalorien haben und aus denen folglich auch keine bzw. wenig Energie gewonnen wird.

Stevia

Beschreibung: Süßkraut aus Paraguay, in Form von Streusüße, Flüssigkeitsextrakt oder Blättern erhältlich

Kalorien auf 100 g: 0 | **Süßkraft x-mal Zucker:** 300

+	–
Stevia ist grundsätzlich ein rein pflanzliches Produkt, eignet sich für die kalte und warme Küche	die Verarbeitung vom Steviablatt hin zur Streusüße ist ein aufwändiger, chemischer Prozess, sehr eigener Geschmack (etwas bitter, erinnert an Lakritz), eignet sich nur bedingt zum Backen

Erythrit

Beschreibung: Zuckeralkohol, wird durch Fermentation gewonnen

Kalorien auf 100 g: 20 | **Süßkraft x-mal Zucker:** 0,7

+	–
wird in der Regel sehr gut vertragen, auch für Diabetiker geeignet, gilt als Fänger von freien Radikalen in deinem Körper	der natürlich vorkommende Stoff wird für die Nahrungsmittelindustrie chemisch hergestellt, kann bei übermäßigem Verzehr abführend wirken

Xylit

Beschreibung: Zuckeralkohol, auch »Birkenzucker« genannt, wird im menschlichen Organismus und in Pflanzen im Zuge des Zuckerstoffwechsels natürlicherweise gebildet

Kalorien auf 100 g: 240 | **Süßkraft x-mal Zucker:** 0,9

+

verursacht keine Zahnbeschwerden, antidiabetische Wirkung, grundsätzlich geeignet zum Backen und zum Kochen

–

der natürlich vorkommende Stoff wird für die Nahrungsmittelindustrie chemisch hergestellt, kann abführend wirken, wird zum Teil aus Genmais hergestellt, für Tiere, zum Beispiel Hunde toxisch

Sucralose

Beschreibung: künstlicher Süßstoff, der durch Chlorierung von Saccharose entsteht

Kalorien auf 100 g: 0 | **Süßkraft x-mal Zucker:** 600

+

geschmacklich üblichem Zucker sehr ähnlich, ideal für Diabetiker, eignet sich zum Braten, Backen und Kochen

–

nicht geeignet für Menschen mit Fruktoseintoleranz, Nebenwirkungen auf den menschlichen Körper sind noch nicht vollständig geklärt, kann aufgrund der hohen Süßkraft zu Heißhungerattacken führen

Aspartam

Beschreibung: der bekannteste Süßstoff, besteht aus drei Substanzen: aus den zwei Aminosäuren Phenylalanin und Asparaginsäure und dem Alkohol Methanol

Kalorien auf 100 g: 400 | **Süßkraft x-mal Zucker:** 200

+

sehr beliebt, weil der Süßstoff sehr natürlich nach Zucker schmeckt

–

neben positiven Studienergebnissen gibt es auch viele negative, in der Diskussion stehen Heißhungerattacken und daraus resultierende Gewichtszunahmen sowie die Begünstigung von Krebs

Neben diesen Stoffen gibt es auch zahlreiche andere Zuckerersatzstoffe, die sich grundsätzlich ähnlich wie Zucker in deinem Körper verhalten. Diese Stoffe haben einen höheren Kalorienanteil und werden somit auch zu Energie umgewandelt. Dennoch sind sie in der Regel besser für deinen Körper geeignet, da sie einerseits auch zahlreiche Mikronährstoffe enthalten und andererseits beispielsweise einen besseren glykämischen Index besitzen.

Honig

Beschreibung: ältestes Süßungsmittel, wird von der Honigbiene aus dem Nektar der Blüte erzeugt

Kalorien auf 100 g: 300 | **Süßkraft x-mal Zucker:** 1,3

+

aufgrund höherer Süßkraft als Zucker wird weniger benötigt, enthält Vitamine und Mineralstoffe, wundheilend und entzündungshemmend

–

besteht nur zu 80 % aus Zucker, zum Kochen und Backen nicht so gut geeignet, da bereits ab einer Temperatur von ca. 40 °C die positiven Eigenschaften des Honigs wegfallen

Agavendicksaft

Beschreibung: wird aus dem süßen Saft der Agave hergestellt; ähnliche Konsistenz wie Honig

Kalorien auf 100 g: 300 | **Süßkraft x-mal Zucker:** 1,5

+

niedrigerer glykämischer Index als Zucker, enthält Mineralstoffe, sekundäre Pflanzenstoffe und Spurenelemente

–

nicht geeignet für Menschen mit Fruktoseintoleranz, ökologische Gründe sprechen aufgrund der Gewinnung und Verfrachtung aus tropischen Gegenden gegen den vermehrten Verzehr

Kokosblütenzucker

Beschreibung: wird aus dem Nektar der Kokospalme hergestellt, schmeckt nicht nach Kokos, sondern etwas nach Karamell und Vanille; Kokosblütensirup ist die flüssige Variante

Kalorien auf 100 g: 390 | **Süßkraft x-mal Zucker:** 1

+

sehr niedriger glykämischer Index von 35, lässt den Blutzucker kaum ansteigen, besitzt viele Vitamine und Mineralstoffe, Konsistenz ähnelt sehr dem üblichen Haushaltszucker, eignet sich demnach sehr gut zum Backen

–

viele Kalorien, hoher Preis

Reissirup

Beschreibung: Das traditionelle Süßungsmittel aus Japan wird aus Reismehl hergestellt, welches mit Wasser zu einem Sirup aufgekocht wird; schmeckt leicht nussig

Kalorien auf 100 g: 320 | **Süßkraft x-mal Zucker:** 0,5

+	–
geeignet für Menschen mit Fruktoseintoleranz, enthält zahlreiche Mineralstoffe, der enthaltene Trauben- und Malzzucker muss erst in Einfachzucker umgewandelt werden, weshalb der Blutzucker nur langsam ansteigt	wird gelegentlich mit Zucker gestreckt, daher Zutatenliste beachten

Ahornsirup

Beschreibung: Der eingekochte und eingedickte Saft des Ahornbaumes ist sehr beliebt in Kanada und Amerika; je heller, desto besser (höchste Qualitätsstufe: AA)

Kalorien auf 100 g: 350 | **Süßkraft x-mal Zucker:** 0,9

+	–
schmeckt super karamellig, enthält viele Mineralstoffe	wird sehr oft mit Zuckerwasser gestreckt, daher Zutatenliste beachten

Weitere gesunde Lebensmittel, die sich dazu eignen, etwas mehr Süße und Geschmack in dein Leben zu bringen sind:

- Trockenobst wie Rosinen, Pflaumen, Aprikosen, Datteln
- Gewürze wie zum Beispiel Zimt, Lebkuchen, Kardamom, Bourbon Vanille
- Abrieb von Orangen, Zitronen, Limetten
- Nüsse, Nussmus
- Kakao
- Kokosöl, Kokosraspeln, Kokoschips
- frisches Obst wie Bananen, Äpfel usw.
- reines Obstmark

Unser Fazit für dich

Künstliche Süßstoffe, wie zum Beispiel Sucralose, und Zuckeralkohole, wie Xylit oder Erythrit, haben vielleicht sehr wenige Kalorien, werden aber in der Regel chemisch verarbeitet und industriell hergestellt. Stevia hingegen hat auch sehr wenige Kalorien, wird aber aus der Steviapflanze gewonnen und ist folglich natürlicher. Dennoch soll eben der Herstellungsprozess von der Pflanze zum Granulat auch nicht wirklich natürlich sein, was der Grund ist, weshalb es bei uns relativ selten zum Einsatz kommt.

Die künstlichen Süßstoffe, die Zuckeralkohole und letztlich auch Stevia können deinen Stoffwechsel außerdem aufgrund der enormen Süßkraft und dem sehr geringen Energiegehalt verwirren. Diese Tatsache kann dazu führen, dass du Heißhungerattacken bekommst.

Wir persönlich tendieren daher dazu, auf die Zuckerersatzstoffe zurückzugreifen, die natürlich sind und deinen Stoffwechsel nicht durcheinanderbringen. Sie liefern zwar verhältnismäßig viele Kalorien, enthalten aber ebenso viele Mineralstoffe, Vitamine und Spurenelemente. Letztlich kommt es auf deine individuellen Präferenzen und Motivationen an und darauf, was dir am besten schmeckt. Die Entscheidung, welcher Zuckerersatz für dich funktioniert, liegt allein bei dir.

Grundsätzlich arbeitet Fräulein Immersatt bewusst nicht mit Nähwerttabellen, weil es bei uns nicht darum geht, Kalorien zu zählen und schon gar nicht darum, eine Diät zu machen. Dennoch haben wir uns in den oben aufgeführten Tabellen dafür entschieden, auch den Wert der Kalorien zu nennen. Nur als kleine Erinnerung für dich: Kokosblütenzucker und Co. sind unserer Ansicht nach zwar gesünder für dich und deine Kinder, aber nicht unbedingt weniger kalorisch. Es kommt, wie bei fast allem, auf das richtige Maß an.

Unser Tipp für dich lautet: Auch ein Zuckerersatzstoff sollte mit Bedacht und nicht übermäßig verzehrt werden. Süßes bleibt nämlich Süßes.

Warum Zucker so verlockend ist

Klar, wir mögen das Süße. Aber oft sind es andere Beweggründe, warum wir Zucker so mögen. Hast du schon mal aus Stress gegessen? Aufgrund von Liebeskummer? Oder weil du einfach mit Freunden zusammen warst? Hat deine Oma dir etwas Leckeres gemacht und du konntest einfach nicht nein sagen?

Zucker hat psychisch gesehen eine Art Belohnungsfunktion. Haben wir etwas gut gemacht, möchten wir dafür geehrt werden und gönnen uns etwas Gutes. Bei vielen ist dies dann ein Eis oder ein Besuch im Lieblingsrestaurant. Das Belohnen mit Essen ist in den älteren Generationen noch mehr verankert als in den jüngeren. Zu besonderen Anlässen werden die süßen Speisen besonders schön hergerichtet und allen soll es einfach nur gut gehen.

In unserem Gehirn wird bei dem Genuss von Süßem das Glückshormon Serotonin ausgeschüttet. Es macht euphorisch und gelassen und wirkt wie eine Art Befriedigung und Belohnung. Schokolade enthält bereits in seiner natürlichen Art als reiner Kakao einen hohen Anteil von diesem Hormon. Greife hier aber am besten zur »echten« Schokolade, denn in der Kombination mit Industriezucker und Fett ist Kakao leider sehr ungesund.

Auch in Stresssituationen, beim Lernen oder vor einer Prüfung, greifen viele zu zuckerhaltigen Süßigkeiten. Das Fatale daran: Wir möchten danach gerne mehr davon. Gerade, wenn wir uns auf etwas konzentrieren, wie auf einen Film am Abend oder im Kino, essen wir nur nebenbei und vergessen tatsächlich, dass wir essen. Schwups, ist die Tüte Weingummi leer. Warum legen wir nicht mehr Fokus auf den Vorgang des Essens? Essen sollte bedeuten, bewusst in der Situation zu sein und das zu würdigen, was wir unserem Körper geben.

Im Gegensatz zu denjenigen, die nur nebenbei essen (hierzu zählen auch etliche Menschen, die im Büro am Schreibtisch essen, während noch die eine oder andere Mail beantwortet wird), hat sich bei anderen das Essen mehr und mehr zu einem gesellschaftlichen Highlight entwickelt. Es geht nicht nur um die reine Nahrungsaufnahme. Wenn dies so wäre, würde der Mensch ganz anders essen. Es ist einfach gemütlich und gesellig, mit Freunden oder der Familie zu essen.
Auch ohne jegliches Hungergefühl greifen wir öfter zu, obwohl wir bereits satt sind. Kennst du das auch? Der Zucker führt sogar dazu, dass unser Sättigungsgefühl weiter unterdrückt wird. Wir essen also immer weiter und möchten immer mehr.

Auch wenn wir jemand anderen essen sehen, bekommen wir Appetit – es bildet sich sogleich Speichel in unserem Mund. Daher essen Mamas auch immer ihren Kindern etwas vor, um bei den Kleinen den Appetit anzuregen. Unser Gehirn verbindet sofort das Gesehene mit Appetit. In Gesellschaft essen wir daher bedeutend mehr als alleine.

Versteckte Zucker entlarven

Wir kaufen oft die gleichen Lebensmittel. Gehst du nicht auch schon blind und träumend durch den Supermarkt und greifst einfach so zu? Doch Achtung: Du solltest genau hinsehen! In vielen Lebensmitteln stecken Zusatzstoffe und Inhaltsstoffe, die du im ersten Moment nicht vermutest. Auch ändern die Hersteller oft die Zusammensetzung ihrer Produkte. Da in unseren Köpfen nach wie vor Fett als ein Übeltäter gilt (was leider nicht ganz der Wahrheit entspricht), kaufen wir lieber »Low-Fat«-Produkte. Hier wird allerdings oft übermäßig viel Zucker dazugetan, damit das Lebensmittel überhaupt schmeckt.

Zucker hat sich in den letzten Jahren immer mehr in unser Essen gemogelt. Als Geschmacksverstärker führt er dazu, dass Lebensmittel intensiver und vermeintlich besser schmecken. Zudem werden sie damit auch haltbarer gemacht, da Zucker konserviert.

Wir werfen mal einen Blick auf eine Verpackung:
Merke dir: Nicht immer steht Zucker drauf, wo Zucker drin ist.

Die vielen Namen von Zucker musst du dir nicht merken, aber als kleine Eselsbrücke kannst du sie leicht erkennen, wenn du auf Wörter mit der Endung -ose achtest. Hier findest du einige Namen, die vermehrt in den Zutatenlisten von Fertigprodukten auftauchen:

- Basterd-/Bastardzucker
- Brauner Zucker
- Dextrose
- Fruktose-Glukose-Sirup
- Farin
- Fruktose/Fruchtzucker
- Gerstenmalz
- Glukose, Glukosesirup
- Hexose
- Invertzucker
- Instantzucker, Hagelzucker, Gelierzucker
- Isoglukose
- Kandisfarin
- Karamell, Karamellsirup
- Laktose/Milchzucker, Galaktose
- Laevulose
- Maissirup
- Maltodextrin
- Maltose/Malzzucker
- Mannit
- Melasse
- Pilézucker
- Raffinade, Raffinose
- Rohrzucker
- Rübenzucker
- Saccharose
- Sirup
- Sorbit
- Stärkezucker
- Vanillezucker/Vanillinzucker
- Zuckeralkohol
- Zuckercouleur

Zutatenlisten

Bei Zutatenlisten geht es immer nach Menge: Die Zutat, die prozentual am meisten vorkommt, steht an erster Stelle. Findest du Zucker und seine Namensverwandten relativ weit vorne und vermehrt auf der Verpackung, ist davon leider viel enthalten. Achte generell bei den Zutaten darauf, dass so wenig wie möglich auf der Liste stehen. Umso natürlicher ist das Produkt. Als Beispiel schaue dir mal die Inhaltsstoffe von Tomatenmark an. Hier sollten nur Tomaten und Wasser stehen.

Neben der Zutatenliste gibt es noch die Nährwerttabelle. Sie gibt uns Auskunft über die Kalorien pro 100 Gramm und pro Portionsgröße. Hersteller mogeln gerne bei der Portionsgröße, damit die Zahlen schön klein und weniger erschreckend wirken. Der beste Vergleichswert ist 100 Gramm. Interessant ist die Zeile »davon Zucker«. Hier kannst du erkennen, wie viel Zucker das Lebensmittel enthält. Manchmal ist es auch natürlicher Zucker. In einem ungesüßten Apfelmark ist die natürliche Süße aus dem Apfel enthalten. Hier solltest du einen Gegencheck mit der Zutatenliste machen, um herauszufinden, ob und welche Süßkraft verwendet wurde.

Durchschnittliche Nährwerte Nutrition facts Valeurs moyenne nutritive Valori nutrizionali	pro · per par · per 100 g
Energie · Energy Énergie · Energia	1688 kJ 400 kcal
Fett · Fat · Matières grasses · Grassi	5,9 g
davon gesättigte Fettsäuren · of which saturates dont acides gras saturés · di cui acidi grassi saturi	0,7 g
Kohlenhydrate · Carbohydrate Glucides · Carboidrati	70 g
davon Zucker · of which sugars dont sucres · di cui zuccheri	4,5 g
Eiweiß · Protein Protéines · Proteine	14 g
Salz · Salt · Sel · Sale	0,62 g

Was bedeutet eigentlich:

Zuckerfrei/ohne Zucker

Diese Aufschrift bedeutet, dass nicht mehr als 0,5 Gramm Zucker auf 100 Gramm enthalten sein dürfen. So ganz zuckerfrei ist es demnach nicht. Hier hilft wiederum ein Blick auf die Nährwerttabelle und die Zutatenliste.

Weniger Zucker

Dies bedeutet, dass dieses Produkt 30 Prozent weniger süß ist als andere vergleichbare Produkte. Ebenso verwenden Hersteller den Begriff »light« oder »leicht«.

Ohne Zuckerzusatz

Hier wird auf die Zugabe von industriellem Haushaltszucker verzichtet, es kann aber Zucker aus natürlichen Quellen enthalten sein. Oftmals liest man als Slogan »enthält von Natur aus Zucker«, wenn zum Beispiel mit Datteln gesüßt wurde.

Nur mit Fruchtzucker gesüßt

Hier musst du unterscheiden zwischen natürlichem und industriell hergestelltem Fruchtzucker.

Fruchtzucker ist nicht gleich Fruchtzucker

Glukose wird vom Körper nur aufgenommen, wenn Insulin ausgeschüttet wird. Bei Fruktose ist das anders. In der Forschung gibt es Hinweise dafür, dass Fruktose unter anderem direkt in der Leber eingelagert wird und für das störende Bauchfett zuständig ist. Fruktose steckt in natürlichen Lebensmitteln wie Obst. Darauf musst du keinesfalls verzichten, aber es sollte auch nicht zu viel sein.

Fruktose kann auch industriell hergestellt und etwa zu Sirup verarbeitet werden. Dieser ist hochkalorisch und alles andere als natürlich. Unser Körper ist das überhaupt nicht gewöhnt. Die Herstellung ist sehr günstig und so steht mal schnell auf einem Kinderketchup der Slogan »nur mit der Süße aus Früchten«, was schlichtweg eine Lüge ist. Achte daher unbedingt auf die Zutatenliste. Fruktoseintoleranz ist im Vormarsch und entsteht nur, wenn ein dauerhafter Überkonsum stattfindet.

Merke dir: Der Fruchtzucker in Obst ist gut und gesund für deinen Körper. Fruktose in hoch konzentrierter Form kann gesundheitsschädlich sein.

Fertigprodukte

Schnell greift man hier zu. So eine Tiefkühlpizza ist einfach zu machen und schmeckt vielen sehr gut. Warum sollten wir groß den Kochlöffel schwingen, wenn es doch so unproblematisch geht? Ja, ganze Gerichte gibt es mittlerweile abgepackt und fertig für die Mikrowelle oder den Backofen. Einige Menschen versorgen sich so über die ganze Woche und haben es »schön einfach«.

Als gesund kann man das aber leider nicht bezeichnen. Einige Hersteller werben mit einer »schonenden Verarbeitung«, »vielen Vitaminen« und ähnlichen Slogans. Aber solche Produkte können gar nicht nahrhaft sein. Eine Haltbarkeitsdauer von über zwei Jahren? Das sollen wir dann noch essen? Richtig übel wird uns, wenn Kindern so etwas als gesunde Mahlzeit vor die Nase gesetzt wird – mit Unmengen an Geschmacksverstärkern und Zusatzstoffen, die durch die typischen E-Nummern schnell zu erkennen sind.

Exkurs: Was sind E-Nummern?

Das von verschiedenen Zahlen gefolgte E kennzeichnet Zusatzstoffe, die in der EU zugelassen sind. Sie verbessern Lebensmittel in ihrem Aussehen, ihrer Haltbarkeit und ihrem Geschmack oder erleichtern die technische Verarbeitung. Diese Zusatzstoffe sind seitens der EU streng geprüft. Aber brauchen wir sie wirklich in unseren Lebensmitteln?

Wie viel Zucker steckt wo drin?

In Fertigprodukten verstecken sich die größten Zuckermengen. Um es dir zu vereinfachen, haben wir dir ein paar Beispiele rausgesucht. Wusstest du, wie viele Zuckerstückchen in einem Nutella enthalten sind?

- 1 Packung Kinderfrüchtetee: 14 Zuckerstückchen
- 1 Packung Cornflakes: 51 Zuckerstückchen
- 1 Glas Nutella: 48 Zuckerstückchen
- 1 Packung Orangennektar: 40 Zuckerstückchen
- 1 Flasche Cola: 40 Zuckerstückchen
- 1 Flasche Kinderketchup: 24 Zuckerstückchen
- 1 Packung Butterkekse: 20 Zuckerstückchen
- 1 Glas fertige Tomatensoße: 12 Zuckerstückchen
- 1 Glas Apfelsaft: 10 Zuckerstückchen
- 1 Müsliriegel: 5 Zuckerstückchen
- 1 Tiefkühlpizza: 8 Zuckerstückchen
- 1 Packung Kartoffelsalat: 8 Zuckerstückchen
- 1 Milchschnitte: 3 Zuckerstückchen
- 1 kleiner Fruchtzwerg: 2 Zuckerstückchen

Erinnerung

Die WHO empfiehlt 25 Gramm Zucker pro Tag, sprich 8 Stück Würfelzucker

Welches Mehl verwenden wir?

Man sollte nicht nur auf seinen Zucker-, sondern auch auf seinen Getreidekonsum achten, denn auch dieses enthält viele Kohlenhydrate. Weizenmehl hat in den letzten Jahren einen sehr schlechten Ruf bekommen. Es gehört zwar zu unseren Grundnahrungsmitteln, ist aber ab einer gewissen Menge nicht gesund für unseren Körper. Viele Brote, Nudeln, Pizzas und Tört-chen bestehen ausschließlich aus Weizenmehl. Oft wird Type 405 und 550 verwendet, was bedeutet, dass das Mehl so stark ausgemahlen ist, dass kaum noch Vitalstoffe enthalten sind. Wird zudem wenig Obst und Gemüse gegessen, leidet man schnell an einer Mangelversorgung. Etliche Unverträglichkeiten, etwa hinsichtlich Gluten, sind ebenso auf Weizen zurückzuführen.

Kurzer Exkurs Mehltypen

Ein Korn, egal ob Weizen-, Roggen- oder Dinkelkorn besteht aus drei Teilen: Schale, Mehlkörper und Keimling. Wird das ganze Korn in der Mühle gemahlen, entsteht Vollkornmehl. Wird aber die Schale und der Keimling entfernt und nur der Mehlkörper gemahlen, spricht man von Weißmehl.

Den Ausmahlungsgrad eines Mehls erkennst du am Mehltype, der durch eine Nummer gekennzeichnet ist. Du solltest auf den Type des Mehls achten. Je höher diese Zahl ist, desto mehr Mineralstoffe sind enthalten. Es gilt dann als »Vollkorn«. Demnach ist es wertvoller und hochwertiger als Mehle niedriger Typen. Wir verwenden fast ausschließlich Dinkelmehl, denn in keinem anderen Getreide stecken so viele Nährstoffe. Dinkel enthält elf Prozent hochwertiges Eiweiß und hat eine lange Sättigungswirkung. Type 630 ist das hellste Dinkelmehl und eignet sich hervorragend zum Backen. Type 812 ist etwas dunkler und kräftiger vom Geschmack und Type 1050 ist das dunkelste Mehl und herzhaft schmeckend.

Als Alternativen zu Dinkelmehl und für all die, die unter Zöliakie, also Glutenunverträglichkeit, leiden, gibt es zum Beispiel diese leckeren Alternativen: Hirse-, Kokos-, Erdmandel-, Kastanien- und Mandelmehl.

Die Ernährung von Kindern

Was gilt es nun speziell bei Kindern zu beachten? Wie sieht eine optimale Versorgung unserer Kleinen im Detail aus? Genau diese Frage stellst du dir sicher. Kinder brauchen eine ausgewogene Ernährung, welche sämtliche Nährstoffe enthält, um groß und stark zu werden. Doch wie genau sieht eine ausgewogene Ernährung im Detail aus? Eigentlich ist es ganz einfach.

Trinken

Beginnen wir doch einmal mit dem Trinken. Kinder sollten über den Tag verteilt ungefähr einen Liter trinken. Schulkinder circa anderthalb Liter. Dein Kind sollte zu den Mahlzeiten, aber auch immer wieder zwischendurch ausreichend trinken.

Hinsichtlich der Art der Getränke gibt es natürlich enorme Unterscheide in der Qualität. Die besten Durstlöscher sind stilles Wasser, Mineralwasser, ungesüßte Kräuter- oder Früchtetees. Säfte sollten eher sparsam getrunken werden. Ein Glas Orangensaft oder eine Saftschorle, bestehend aus Direktsaft und Wasser, sollten etwas Besonderes sein. Süßgetränke wie Cola und Eistee sollten unbedingt vermieden werden.

Woraus getrunken wird, ist sicherlich Geschmackssache bzw. dir selbst überlassen. Allerdings scheinen Flaschen oder Becher ohne Plastik, zum Beispiel aus Glas, besser geeignet für unsere Kleinen.

Essen

Was sollte auf den Teller kommen, und wie oft? Kinder haben einen kleineren Energiespeicher, weshalb sie fünf ausgewogene Mahlzeiten am Tag benötigen, um optimal versorgt zu sein. Nur so haben sie genug Kraft und Power, um zu wachsen, zu spielen, zu lernen und die Welt zu entdecken. Das Frühstück der Kleinen spielt dabei eine ganz besondere Rolle, da es das erste ist, was den Magen erreicht und die Energiespeicher auffüllt.

Fertiggerichte sollten grundsätzlich vermieden werden. Sie enthalten nicht nur unnötige, leere Kalorien, sondern vor allem viele Zusatzstoffe, Aromen und Geschmacksverstärker. Der Geschmackssinn und die Präferenzen unserer Kinder werden so schon früh auf industriell verarbeitetes Essen geprägt und damit zum Teil sogar verfälscht. Natürliche Lebensmittel kann dein Kind dann nur schwer schätzen und lieben lernen. Also gilt, lieber regelmäßig selbst die Kochschürze anlegen und etwas Frisches und Leckeres zaubern. Aber was genau sind denn nun die wichtigsten Lebensmittel für unsere Kinder?

Obst und Gemüse

»Obst und Gemüse sind doch das Beste«, das hat sicher jeder schon mal gehört, oder? Das liegt nicht nur daran, dass Obst und Gemüse viele Vitamine und Mineralstoffe, sondern auch sekundäre Pflanzenstoffe enthalten. Ideal sind fünf Portionen Gemüse, Obst und Hülsenfrüchte, wovon drei Portionen Gemüse und/oder Hülsenfrüchte sein sollten und zwei Portionen Obst. Ein kleiner Tipp am Rande: Obst und die Hälfte des Gemüses am besten roh anbieten.

Vitamine und Mineralstoffe

Im Zusammenhang mit Vitaminen und Mineralstoffen tauchen auch immer wieder Fragen nach etwaigen Nahrungsergänzungsmitteln auf. Macht das ein oder andere Produkt vielleicht Sinn für die Kleinen? Sagen wir es mal so: Wir glauben, dass es zumindest nicht notwendig ist und du ebenso darauf achten solltest, dass gewisse Vitamine dadurch nicht überdosiert werden. Eine ausgewogene Mischkost liefert in der Regel alles, was unsere Kinder brauchen. Dennoch kann das eine oder andere Produkt wie zum Beispiel Vitamin D gerade in den Wintermonaten sinnvoll sein. Frag dazu einfach mal bei deinem Kinderarzt, Naturheilpraktiker oder Homöopathen nach.

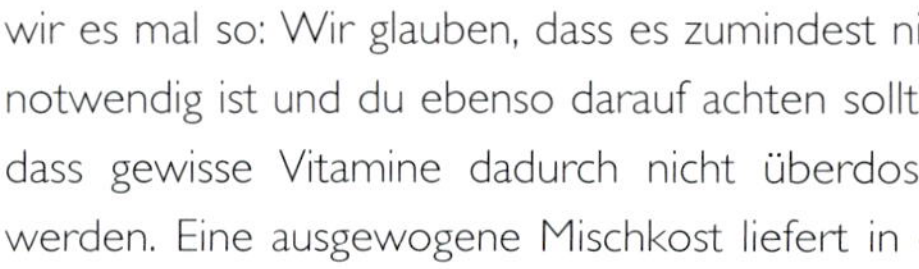

Getreide

Täglich sollten auch Getreideprodukte auf den Tisch kommen, wie Brot und Nudeln, beispielsweise aus Dinkel. Die deutsche Gesellschaft für Ernährung (DGE) empfiehlt für Getreide, die Vollkornvariante dieser Produkte zu wählen. Wir empfehlen dir, von Anfang an die hochwertigere Dinkelvariante zu nehmen, da eine spätere Umstellung von Weizen auf Dinkel meist etwas Fingerspitzengefühl erfordert. Der kräftige Geschmack, die dunkle Farbe und die härtere Konsistenz von Dinkelvollkornprodukten kann für Kinder abschreckend sein. Eine zu schnelle Umstellung kann zudem zu Magenbeschwerden führen.

Fisch

Außerdem sollte einmal die Woche Fisch serviert werden. Fisch ist bis heute noch immer die wichtigste Quelle für Jod und viele gesunde Fettsäuren, wie etwa die Omega-3-Fettsäure. Deshalb kannst du fettreichen Seefisch bevorzugen, wie zum Beispiel Makrele, Lachs, Thunfisch und Hering, oder Kaltwasserfische wie Saibling und Forelle. Du solltest nur darauf achten, dass der Fisch grätenfrei ist, wenn er auf dem Teller deiner Kinder landet.

Milch

Natürlich dürfen wir auch die Milchprodukte nicht vergessen. Jeder kennt es selbst noch aus Kindertagen, dass Milch und das darin enthaltene Kalzium für Knochen und Zähne wichtig ist. Aber um den erhöhten Bedarf der Kinder zu decken, reichen drei Portionen Milchprodukte am Tag völlig aus. Zwei Portionen »weiß« wie Milch, Quark und Joghurt und eine Portion »gelb« wie eben der beliebte Käse.

Kleiner Hinweis für dich: Prinzipiell ist es auch möglich, den Kalziumbedarf über gewisse Gemüsesorten zu decken.

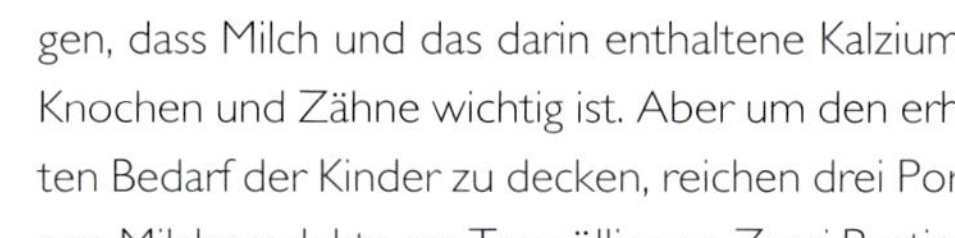

Fleisch

Fleischprodukte sind einerseits zwar wichtig für eine ausgewogene Ernährung, dein Kind sollte aber maximal dreimal die Woche davon essen, da es sonst zu viele tierische Fette zu sich nimmt. Auf Wurst kannst du hierbei gut verzichten. Greife lieber zu Schinken, dieser ist weniger verarbeitet.

Natürlich gibt es auch die Möglichkeit, ganz oder teilweise auf Tierprodukte zu verzichten und dein Kind vegetarisch oder sogar vegan zu ernähren. Hierbei solltest du aber das ein oder andere unbedingt beachten. Beispielsweise bestehen bei Veganern häufig ein Vitamin-B12- und ein Vitamin-D-Mangel. Es geht sogar so weit, dass ein Vitamin-B12-Mangel für Ungeborene oder Säuglinge, die eine vegane Mami haben, lebensgefährlich werden kann. Also unser Fazit diesbezüglich: Es ist möglich, aber falls du selbst noch Anfängerin im Bereich vegetarischer/veganer Ernährung bist, macht es Sinn, sich vorab gut über alternative Lebensmittel zu informieren.

Fette

Versuche hochwertige Fette zu bevorzugen. Ungefähr fünf Teelöffel pflanzliche Fette und Öle wie Rapsöl oder Olivenöl pro Tag sind angemessen. Nüsse und Samen sollten je nach Alter nur fein gemahlen gegessen werden, da sich Kinder sonst schnell daran verschlucken können. Butter, Margarine sowie Brat- und Backfett bitte sparsam verwenden.

Salz

Du solltest versuchen, auch deinen Salzkonsum in Maßen zu halten. Natrium ist zwar ein wichtiger Mineralstoff, wird aber in unseren Ländern noch immer viel zu viel konsumiert. Laut WHO nehmen wir sowieso circa 70 Prozent des Salzes unbewusst zu uns, das heißt wir nehmen es durch verarbeitete Lebensmittel wie Fertiggerichte, aber auch durch Brot, Wurst und Ähnliches auf. Die restlichen 30 Prozent werden am Essenstisch zugefügt oder eben auch nicht. Die WHO gibt auch für Kinder eine klare Verzehrempfehlung bezüglich Salz:

- Kinder unter einem Jahr:
  maximal 1 Gramm Salz pro Tag
- Kinder von 1 bis 3 Jahren:
  maximal 2 Gramm Salz pro Tag
- Kinder von 4 bis 6 Jahren:
  maximal 3 Gramm pro Tag
- Kinder von 7 bis 10 Jahren:
  maximal 5 Gramm pro Tag
- Kinder ab 11 Jahren/Erwachsene:
  maximal 6 Gramm pro Tag (etwa ein Teelöffel)

Versuche also, Fertigprodukte zu meiden. Bevorzuge Vollkornprodukte, denn auch sie enthalten weniger Salz als die Weißmehlalternativen. Und würze dein Essen lieber mit Kräutern und anderen Gewürzen.

Zucker

Kommen wir nun zum Zucker. Auch hier gibt es natürlich eine Empfehlung der Weltgesundheitsorganisation (WHO). Zucker sollte insgesamt weniger als 10 Prozent der täglichen Energiegesamtaufnahme ausmachen. Das entspricht für Erwachsene etwa zwölf Teelöffeln und für ein Kind etwa sechs Teelöffeln. Idealerweise sollte der Verzehr sogar bei fünf Prozent liegen, das heißt bei sechs Teelöffeln für Erwachsene und drei Teelöffeln für Kinder. Hört sich für dich erst einmal viel an? In einer herkömmlichen Dose Limonade sind bereits etwa zehn Teelöffel Zucker enthalten, das heißt ohne auch nur einen Happen zu essen, hast du diese Grenze bereits überschritten.

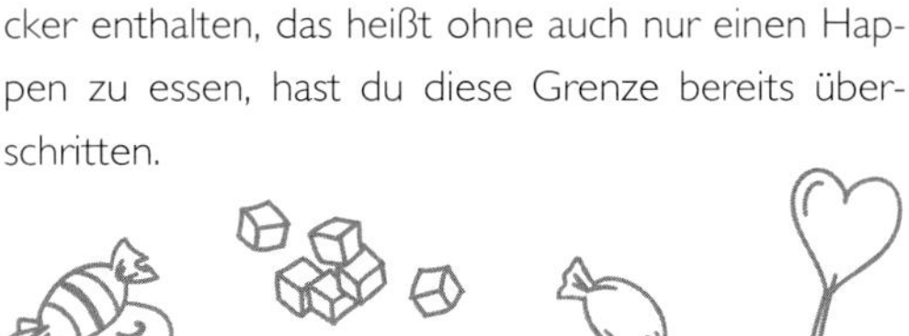

Portionsgrößen

Wie sieht es eigentlich mit den Portionsgrößen für ein Kind aus? Grundsätzlich gilt, dass die Hände deiner Kinder das perfekte Maß sind, um dir eine Portionsgröße zu zeigen, das heißt kleinere Kinder, kleinere Portionen.

Hier eine Übersicht im Detail:

Eine Portion Fleisch, Fisch, Wurst:

Handteller ohne Finger

Kartoffeln, Nudeln, Obst, Gemüse:

2 Hände, zur Schale geformt

Brot:

ganze Handfläche mit ausgestreckten Fingern

Tipps: Essen mit Kindern

- Tischlein deck dich: Ob Groß oder Klein, jeder mag einen schönen gedeckten Essenstisch.
- Halte an Ritualen fest. Rituale geben Kindern Sicherheit und strukturieren ihren Tag.
- Verbanne sämtliche elektronischen Geräte vom Essenstisch. Handy, Tablett und Co. machen mal eine Pause.
- Kinder lernen durch Nachahmung. Sei daher stets ein gutes Vorbild. Mit einem einfachen »Hmm« kann ein Brokkoli deinem Kind gleich viel besser schmecken.
- Bissen für Bissen: Achte nicht nur darauf, was du isst, sondern auch wie du isst. Essen herunterschlingen, mit vollem Mund reden oder auch sich unnötig viel auf den Teller auffüllen könnten falsche Signale für dein Kind sein. Probiere im Gegenzug einmal, bewusst und achtsam zu essen.
- Eins nach dem anderen: Der Nachtisch kommt zum Schluss auf den Tisch, denn er lenkt zu sehr von der Hauptmahlzeit hab.
- Jeder packt mit an: Liebe Väter, auch ihr könnt in der Küche ein Vorbild sein.

Wenn dein Kind gut und viel isst …

Die guten Esser neigen eben manchmal dazu, über ihren eigentlichen Hunger hinaus zu essen. Sie wissen vielleicht oft gar nicht, ob sie Hunger oder eben nur Appetit haben oder aber sogar aus Langeweile essen. Schließlich tritt das Sättigungsgefühl erst nach etwa 15 bis 30 Minuten ein. Versuche einmal, gemeinsam mit deinen Kindern, nach jedem Bissen das Besteck hinzulegen und es erst wieder in die Hand zu nehmen, wenn der Mund leer ist. Kleine Teller und dementsprechend kleine Portionen können den Essensvorgang ebenso verlangsamen. Oder aber einfach zu Beginn des Essens einmal den folgenden Hinweis geben: Wer zuerst fertig ist mit Essen, der räumt die Küche auf. Das hilft auf jeden Fall.

Diese Tipps funktionieren aber erst dann, wenn dein Kind ein gewisses Alter erreicht hat, schätzungsweise fünf oder sechs Jahre. Wenn dein Kind deutlich jünger ist, diese Dinge noch nicht versteht und oft einfach viel zu viel isst, versuche vielleicht den folgenden Satz: »Frag doch einmal deinen Bauch, ob er wirklich noch Hunger hat. Hallo, Bauch, hast du noch Hunger oder bist du vielleicht doch bereits voll und satt?« Bei uns hat die Frage das eine oder andere Mal geholfen. Sollte dein Kind dennoch mehr Essen einfordern, sind wir persönlich kein Freund davon, Essen zu verbieten.

Sollte dein Kind aber übergewichtig sein, das heißt es ist gesundheitlich notwendig, dass es sein Körpergewicht reduziert, möchten wir dir gerne den einen oder anderen Tipp an die Hand geben. Zu allererst einmal ist es unheimlich wichtig, dass die gesamte Familie an einem Strang zieht. Dein Kind darf nicht das Gefühl haben, immer anderes, weniger genussvolles Essen zu bekommen als der Rest der Familie. Gemeinsam ist alles viel einfacher und gesunde, zuckerfreie Ernährung ist für jedes Familienmitglied gut.

Kohlenhydrate sollten etwas bewusster gegessen werden. Bei Salat, Gemüse und proteinreichen Lebensmitteln darf sich dein Kind hingegen austoben. Natürlich spielst auch du wieder eine große Rolle, wenn es darum geht, deinem Kind bei der Gewichtsreduktion zu helfen. Lebe deinem Kind vor, was es heißt, sich gesund und ausgewogen zu ernähren, langsam und genussvoll zu essen und vor allem, aufzuhören, wenn kein Hunger mehr da ist. Übergewicht muss ganzheitlich betrachtet und angegangen werden. Neben der Ernährung spielen noch Bewegung, genügend Sonnenlicht und ausreichend Schlaf eine große Rolle. Also, nichts wie raus mit euch! Tobt euch aus und fallt hundemüde ins Bett!

Wenn dein Kind schlecht und wenig isst ...

Auf der anderen Seite gibt es nun die Kinder, die gefühlt immer etwas zu wenig essen und es vielleicht sogar als lästig empfinden. Unser erster und wohl wichtigster Hinweis an dieser Stelle lautet: mach dir bitte keinerlei Sorgen. Es ist eine Tatsache, dass kein Kind am gedeckten Tisch verhungert. Das Kind holt sich die Nährstoffe, die es braucht. Punkt. Also bitte, bitte zwing dein Kind niemals zum Essen.
Sprüche älterer Generationen wie: »Iss deinen Teller auf, sonst gibt es schlechtes Wetter« oder »Iss, damit du groß und stark wirst«, sollten wirklich der Vergangenheit angehören. Wenn du dein Kind dazu zwingst, den Teller aufzuessen, setzt du es unheimlich unter Druck. Es kann so niemals lernen, essen als etwas Schönes und als Genuss wahrzunehmen und verbindet nur noch mehr Negatives damit. Du wirst dir selbst damit keinen Gefallen tun.

Und der für uns wichtigste Rat: Fang bitte nicht damit an, Süßes und Ungesundes anzubieten, damit dein Kind, wie wir es oft hören »überhaupt etwas isst«. Sollte dein Kind gar kein Obst und Gemüse roh essen wollen, versuche diese Nahrungsmittel in verschiedenen Formen anzubieten. Gemüse-Muffins, selbstgemachte Smoothies oder Pfannkuchen mit frischem Obst können vielleicht helfen.

5 Schritte in dein zuckerfreies Leben

Schritt 1: Schritt für Schritt!

Tipp Nr. 1:
Setze dich nicht unter Druck und reduziere zuckerreiche Nahrungsmittel nach und nach. Entferne zum Beispiel zuerst den Haushaltszucker. Ja, du liest richtig. Das schöne weiße Pulver landet heute im Mülleimer. Du brauchst es ab sofort nicht mehr. Und du schaffst Platz für deine neuen Zuckeralternativen. Es wird dich befreien. Dies ist dein erster Schritt.

Es ist leichter, an einem Wochenende zu starten. So hast du Zeit, dich in Ruhe mit allem auseinander zu setzen.

Startdatum: ______________________________

Du magst es nicht, Dinge wegzuwerfen? Kein Problem: Mach ein schönes Body-Scrub daraus.

Body-Scrub
Was du brauchst:
- 250 g Zucker
- 30 ml Öl (Kokos- oder Olivenöl)
- 1 Zitrone, Abrieb und etwas Saft davon
- 1 Einwegglas

nach Belieben:
- 1 TL Mandelöl
- 1 Bund frische Minze, gehackt
- 1 Tropfen Pfefferminzöl

Anleitung:
Zucker und Öl mischen. Zitronensaft und Schale dazugeben.

Alles in ein Einwegglas schütten. Liebevoll verpacken und verschenken oder selbst benutzen.

Tipp Nr. 2:
Alle Süßigkeiten kommen gebündelt an einen Platz. Such dir einen Schrank oder eine Schublade aus, wo all die Süßigkeiten verstaut werden. Vermeide, dass in jedem Regal etwas zum Naschen liegt. Auch Trockenobst kommt zu den süßen Sachen. Wenn du und deine Kinder mal naschen wollt, wisst ihr, wo ihr es findet. Naschen soll wieder zu etwas Besonderem werden und nicht alltäglich sein.

Tipp Nr. 3:
Bye-bye Fertigprodukte! Soßen, Tiefkühlpizza und Fertiggerichte haben ab heute keinen Platz mehr in deiner Küche. Das ist oft sehr dramatisch für den Herrn im Haus. Aber hier lauert der versteckte Zucker. Du darfst auch milde sein: Lass deine Familie die gekauften Sachen verspeisen, aber es wird ab sofort nichts Neues mehr eingekauft.

Tipp Nr. 4:
Kauf dir gesunde Lebensmittel. Es gibt eine kleine Liste an Lebensmitteln, die wir immer gerne zu Hause haben und die für uns in eine gesunde Küche gehören. Schnapp dir deinen Einkaufskorb und leg los!

- Gemüse, TK-Gemüse pur
- Obst, TK-Obst, Trockenobst
- Dinkelnudeln
- Dinkelmehl, Vollkornmehl
- Gemüsebrühe (ohne Zucker)
- Kartoffeln, Naturreis, Hirse
- Knoblauch, Zwiebeln
- Tomatenmark
- Kräuter, Gewürze
- Öl, Essig
- Eier
- Milch, Naturjoghurt
- Nüsse, Hülsenfrüchte
- Konserven: geschälte Tomaten, Mais, Bohnen
- Haferflocken
- Backpulver
- frisches Fleisch
- frischer Fisch

Schau dir auch unsere Zuckeralternativen an und sorge dafür, dass du gesunde Süßungsmittel im Haus hast, womit du viele leckere Rezepte machen kannst. So kannst du eurem Verlangen nach Süße mit gesunden Sachen nachgehen.

Eine versteckte Zuckerfalle ist die Gemüsebrühe. Wir verwenden sie fast täglich beim Kochen. So lassen sich viele tolle Gerichte aufpeppen. Es gibt Firmen, die keinen Zucker in der Herstellung verwenden, aber es sind leider wenige. Wir haben einen Vorschlag für dich: Mach deine Gemüsebrühe doch selbst.

Gemüsebrühe

Was du brauchst:

- 500 g Gemüse und Kräuter nach Belieben: zum Beispiel Möhren, Frühlingszwiebeln, Sellerie, Lauch, Petersilie
- 50 g Salz

Zubereitung:

Wasche das Gemüse gründlich. Trockne es gut ab. Schneide alles in sehr kleine Stücke. Nutze vielleicht eine Küchenmaschine.

Verteile das Gemüse dann auf einem Backblech und backe es bei 75 °C für 6 bis 8 Stunden. Öffne zwischenzeitlich den Ofen, damit die Feuchtigkeit entweichen kann. Im Sommer kannst du das Blech auch einfach lange in die Sonne stellen.

Ist alles schön getrocknet, pulverisiere es mit einer Küchenmaschine. Das Pulver darf nun in ein luftdicht verschließbares Glas. Herzlichen Glückwunsch: Du hast deine eigene Gemüsebrühe hergestellt. Sie ist 1 Jahr haltbar.

Apropos Einkaufen

Sind deine Kinder beim Einkaufen mit dabei, kann dies schnell stressig werden. Gerade im Supermarkt lauern etliche Zuckerfallen auf uns. Versuch es daher einmal mit diesen Tipps:

1. Schreib dir einen Einkaufszettel. Nichts ist schlimmer, als planlos durch den Supermarkt zu laufen. Überlegt euch gemeinsam, was ihr kaufen wollt. Sortiere deine Einkaufsliste nach Nahrungsmittelgruppen, so vermeidest du wirres Umhergerenne. Kaufst du eher einmal die Woche ein oder besorgst du lieber jeden Tag kleine Mengen? Plane dir deine Woche so, wie es für dich stressfrei ist.

2. Vermeide im Supermarkt den Gang mit den Süßigkeiten. Leichter gesagt, als getan. Die Märkte haben sich schließlich etwas dabei gedacht, diesen kurz vor den Kassen zu positionieren. Alles leuchtet in grellen Farben. Nicht nur für uns ist die Versuchung groß. Für unsere Kinder ist der Bereich schlichtweg ein »Paradies aus Farben«. Und auch hier werden alle Marketing-Tricks angewandt, um Kindern jegliche Süßigkeiten schmackhaft zu machen. Abbildungen von Superhelden und Fußballspielern, Comicfiguren und Einhörnern – alle Register werden gezogen.

3. Trefft vorher genaue Absprachen. Es ist schwer, Kindern die Welt der Süßigkeiten komplett zu verbieten. Das musst du auch gar nicht. Süß liegt im Auge des Betrachters oder eher in unserem Geschmackssinn. So können doch auch ein Naturjoghurt oder ein paar Trockenfrüchte etwas zu Naschen sein. Bestimmt vor dem Einkaufen, was sich dein Kind aussuchen darf.

4. Nicht hungrig einkaufen gehen. Mit einem knurrenden Magen einkaufen zu gehen verleitet nur dazu, mehr zu kaufen. Wir sind dann empfänglicher für grelle Farben und leuchtende Produkte.

Iss vorher eine Kleinigkeit, so kannst du deinen Einkauf rationaler erledigen.

5. Integriere deine Kinder in den Ablauf des Einkaufs. Da, wie gesagt, die Supermärkte ziemlich schlau vorgehen, sind zuckerhaltige Produkte oft in Augenhöhe der Kinder. Daher empfehlen wir dir eine besondere Taktik: Gib deinen Kindern Aufgaben. Sie können umherlaufen und verschiedene Dinge holen und sie in den Einkaufskorb legen. So sind sie beschäftigt und weniger anfällig für Signale aus dem Süßwarenregal.

6. Halt die Augen auf nach einer Kasse, bei der kein sogenanntes »Quengelregal« ist. Wie, noch nie vom Quengelregal gehört? Das sind die Regale, die direkt an der Kasse sind und teilweise weitere kleine Süßigkeiten bereithalten. Wahrscheinlich hat hier jeder schon mal zugegriffen. Sofern du es also unbeschadet am Süßigkeitengang vorbei geschafft hast, kommst du spätestens hier in die Zwickmühle, bis du endlich bei der Kassiererin bist. Es heißt gerade deshalb Quengelregal, weil sich hier die Kinder regelrecht auf den Boden schmeißen und quengeln, um doch noch eine Süßigkeit zu bekommen. Na, schon mal erlebt?

Schritt 2: Sei gut vorbereitet!

Zucker und Zuckerfallen lauern überall. Es kann manchmal ermüdend sein, ihnen immer aus dem Weg zu gehen. Zuckerfallen können bei Kindern schnell zu großem Gequengel führen. Egal, ob bei einem Besuch im Zoo, auf dem Rummel oder im Kino: Hab daher immer einen gesunden Snack dabei, um eine große Szene zu vermeiden.

Tipp Nr. 1: Gesunde Snacks kaufen

Auch im Supermarkt gibt es die Möglichkeit, gesunde Snacks zu kaufen. Diese findest du aber wahrscheinlich nicht unbedingt in der Kinderabteilung. Hier mal eine kleine Liste an Lebensmitteln, die wir gerne kaufen, um unterwegs mit Kind gut vorbereitet zu sein:

Obst

Äpfel und Birnen lassen sich super gut klein schneiden und können so auch mit den kleinsten Kinderhänden unterwegs genascht werden. Oder einfach eine Banane fix in die Tasche geworfen. Auch Blaubeeren kommen immer gut an, einfach waschen und ab damit in eine kleine Dose.

Obstmark

Für die Kleinsten kannst du auch einfach ein Gläschen mit reinem Obstmark kaufen. Damit bist du gut vorbereitet. Schau hier unbedingt auf die Zutatenliste. Es gibt Anbieter, die ausschließlich die Frucht verwerten.

Trockenobst

Auch getrocknetes Obst in seiner ganzen Vielfalt bietet sich bestens an, wenn es schnell gehen muss. Rosinen, getrocknete Aprikosen, Pflaumen, Mangos, Datteln, Apfelchips und auch Gojibeeren sind da unsere Lieblinge. Einfach mal testen und lieben lernen.

Joghurt

Solltest deine Kinder Joghurt-Liebhaber sein, kannst du diesen natürlich auch mitnehmen. Es gibt mittlerweile super praktische Becher, welche extra für eine Portion Joghurt und Früchte gemacht sind und mehrfach verwendet werden können. Löffel mit eingepackt und schon hast du eine tolle Alternative zu den zuckerhaltigen Fruchtjoghurts aus dem Supermarkt. Denk hier nur daran, dass dieser Snack je nach Jahreszeit recht schnell verspeist werden sollte. Im Sommer hält er sich natürlich nicht so lange in deiner Tasche.

Gemüse

Was du mit Obst machen kannst, geht natürlich mindestens genauso gut mit frischem Gemüse. Möhren, Paprika, Gurke, Mini-Tomaten, rote Bete oder auch Kohlrabi sind da die absoluten Bestseller. Lass dich von der bunten Vielfalt des Gemüseregals inspirieren.

Nüsse

Unbehandelte Nüsse sind ebenfalls ein kleiner Geheimtipp. Mandeln, Haselnüsse, Cashewkerne oder direkt eine Nussmischung passen gut in einen kleinen Behälter Dose und finden so ihren Platz in Mamas Handtasche. Hier solltest du nur darauf achten, dass deine Kinder schon alt genug sind, die Nüsse gut kauen zu können.

Knabbereien

Es gibt aber tatsächlich auch die eine oder andere leckere und gesunde Knabberei, die du im Supermarkt oder im Drogeriemarkt finden kannst. Einige Cracker, Brezeln und Knäckebrote haben dann doch gute Inhaltsstoffe. Schau aber genau hin und lass dich nicht nur von einer kindlichen Verpackung leiten.

Tipp Nr. 2: Du machst gesunde Snacks selbst zuhause

Wenn du auf Nummer sicher gehen willst und ganz genau wissen möchtest, was wo drin ist, dann bereite deine Snacks selber zu. Hier gibt es viele, gesunde Köstlichkeiten, die schnell gemacht sind und ebenso gut in deiner Tasche verstaut werden können. Wir versichern dir, wir sind auch keine Konditorinnen und leckere Snacks gelingen uns trotzdem ohne große Mühen.

Tipp Nr. 3: Gut vorbereitet für Geburtstage und Feste

Ganz klar, auch wenn Feste anstehen, hilft eine gute Vorbereitung. Bist du Gastgeber, hast du es natürlich selbst in der Hand. Du kannst dir tolle zuckerfreie Rezepte aussuchen und deinen Gästen zeigen, wie lecker zuckerfrei sein kann. Bist du allerdings eingeladen, wird regelrecht erwartet, dass du das Kuchenbuffet stürmst. Die Kinder werden meist auch mit Unmengen an Süßigkeiten »verwöhnt«. Es erinnert immer ein wenig an das Märchen von Hänsel und Gretel. Lockte nicht die böse Hexe so Kinder in ihr Haus?!

Frag zum Beispiel, ob du einen zuckerfreien Kuchen zum Fest backen kannst. Meist ist die Gastgeberin sehr dankbar, wenn sie nicht alles alleine machen muss.

Neben den etlichen Geburtstagsfeiern musst du dich auch gerade zu den Festtagen gut vorbereiten. Ostereier suchen? Muss es wirklich Schokolade sein?

Ostern

Von Karfreitag bis Ostermontag sind wir gerne mit der Familie zusammen. Natürlich darf ein leckeres Essen nicht fehlen. Auf dem gedeckten Ostertisch lauern aber auch wieder viele kleine Zuckerfallen.

Gerade mit Kindern ist das Ostereiersuchen etwas Wunderbares. Diese strahlenden Äugelein, die im grünen Gras die tollsten Schätze finden möchten. Aber besinnen wir uns doch einmal auf das Grundlegende: es heißt *Ostereier* suchen. Wozu also dann Schokolade verstecken?

Vorschlag: Nutze doch im Vorfeld einen Tag, um richtige Eier einzufärben. Diese lassen sich toll verstecken. Auch kleine Spielfiguren oder Pixibücher können versteckt werden.

Du kannst auch eine Süßigkeit aussuchen, diese aber ganz wertvoll verpacken. Schnapp dir zum Beispiel ein Einweckglas, Geschenkband, Stroh und kleine Deko-Artikel, um die Leckerei schön zu verpacken. Mache es so zu etwas ganz Besonderem.

Süßes, sonst gibt's Saures

Halloween kennen wir nicht aus unserer Kindheit, es ist aber heutzutage eine willkommene Tradition bei unseren Kleinen. Natürlich geht es auch um das tolle Verkleiden. Wenn dann die kleinen Geister, Gespenster und Monster um die Häuser zu ziehen, gibt es allerlei Zucker an der Haustür. »Süßes, sonst gibt's Saures«, sprudelt es aus den kleinen Mündern. Die Erwartung ist dann groß. Zuckerfrei geht es an der fremden Haustür meist nicht zu. So kannst du nur einen guten Kompromiss finden. Macht im Vorfeld eine Absprache, wie viel von den gesammelten Süßigkeiten wann gegessen werden. Der Klassiker »Sonst bekommst du Bauchweh« hilft auch oft.

Die Jecken sind los

Helau, Alaaf und Kamelle – ähnlich wie an Halloween werden an Karneval die Tüten prall gefüllt mit all den süßen Bonbons. Die Spannung ist immer groß, was man wohl beim nächsten Wurf in den Händen hält. Auch diese Tradition ist zuckerfrei scheinbar nicht möglich. Oder hast du schon einmal gesehen, dass ein Apfel geworfen wurde? Wir leider nicht.

Triff auch hier vorher Absprachen mit deinem Kind, damit nicht innerhalb von Minuten die Tüte leergeputzt wird. Ein gesundes Maß kann sein: ein Teil pro Tag.

Advent, Advent

Speziell an Weihnachten fährt die Zuckerindustrie auf Hochtouren. Bereits im Spätsommer beginnen sich die Spekulatiuskekse und Weihnachtsmänner im Supermarkt zu stapeln. Auf den Weihnachtsmärkten sind neben den tollen Fahrgeschäften Zuckerbomben gang und gäbe.

Eine der zahlreichen Zuckerfallen kann ebenso der Adventskalender sein. Schau dir mal unsere Variante an:

Adventskalender

Aber muss es denn immer etwas Zuckerhaltiges sein? Nein, ganz sicher nicht. Für die Kleinen sind manchmal auch Flummis oder Haarspangen, Stifte oder kleine Holzfiguren toll. Du kannst auch ein Geschenk in mehrere Schachteln aufteilen. So bleibt die Spannung bis zum Schluss und dein Kind muss raten, was es wohl am Ende für ein Geschenk bekommt. Grundsätzlich sind wir davon überzeugt, dass Süßigkeiten als etwas Besonderes gelten sollten.

Variante 1: Ein süßer Adventskalender mit zuckerfreien Naschereien

Wie wäre es mit kleinen Keksen, Trockenobst wie Rosinen oder Datteln und vielen gesunden Alternativen zu Süßigkeiten?

Variante 2: Ein Adventskalender mit Spielzeug

Warum nicht ein paar Magneten, Sticker oder bunte Bilder in den Adventskalender packen? Oder ein paar Holzspielsachen? Nicht immer muss in einem Adventskalender etwas zu naschen sein.

Schritt 3: Positioniere dich!

Aller Anfang ist schwer. In deinem Umfeld wird es in puncto zuckerfreie Ernährung nicht nur Hurra-Rufe geben. Nein, es werden Fragen und merkwürdige Blicke kommen. Aber wir sagen: Sei mutig und mach den ersten Schritt und positioniere dich klar in deinem Umfeld. Nicht immer wird man mit seiner Meinung akzeptiert. Nicht immer macht man sich Freunde damit. Und gerade in Bezug auf Kinder und deren Erziehung könnten die Meinungen nicht weiter auseinandergehen. Dann fehlt oft das Verständnis für den anderen und man verurteilt schneller, als es einem lieb ist.

In den letzten Jahren hat sich hinsichtlich Ernährung viel gewandelt. Trends wie Bio sind inzwischen für viele Normalität. Das Verständnis für eine gesunde Ernährung verankert sich immer mehr in den Köpfen der Menschen. Zucker ist aber ein heiß umstrittenes Thema. Wie du weißt, haben wir eine klare Meinung dazu. »Zuckerfrei« ist für uns der Schlüssel zu einer ausgewogenen Ernährung, und das ohne Verbote.

Dein Umfeld

Der Mann im Haus

Wenn es um eine zuckerfreie Ernährung geht, sollte man auch den Mann im Haus motivieren. An alle

Papas: Ihr seid genauso ein Vorbild. Eure Kinder schauen euch zu, wenn ihr abends Pizza und Süßigkeiten esst. Eine Diskussion ist vorprogrammiert. An einem Strang zu ziehen, ist unheimlich wichtig und macht sowieso viel mehr Spaß.

Die Oma

Ganz klar, wir sind nicht immer einer Meinung mit der eigenen Mutter oder Schwiegermutter. Omas wollen ihre Enkel von vorne bis hinten verwöhnen. Aber müsst ihr es denn machen wie die Hexe bei Hänsel und Gretel? Liebe mit Süßigkeiten erschleichen muss nicht sein. Dann doch lieber mit anderen Methoden überzeugen, wie zum Beispiel mit kleinen Aufmerksamkeiten oder auch mit Zeit, die man miteinander verbringt.

Die Freunde

Im Freundeskreis kann es ebenso vorkommen, dass die Nase gerümpft wird, wenn du mit deiner zuckerfreien Idee um die Ecke kommst. Sind deine Freunde auch Eltern und haben eine andere Ernährungsweise für ihre Kinder gewählt, kann dies zu Unverständnis führen. Wie oft wird man doch als zu streng bezeichnet. Dabei hat es mit Strenge wenig zu tun.

Akzeptanz ist hier das richtige Stichwort. Selbst, wenn deine Freunde anderer Meinung sind als du, ist doch zu wünschen, dass deine Meinung akzeptiert wird.

Die Mamas

Heutzutage finden wir den vielleicht nur uns so hart vorkommenden Konkurrenzkampf unter Müttern sehr erdrückend. Man beäugt sich seltsam, wenn eine von ihren Methoden und Wegen erzählt. Der Druck junger Eltern scheint gefühlt größer als vor einigen Jahrzehnten. Neue Medien verschärfen das Ganze anscheinend.

Bei der Ernährung scheiden sich die Geister. Da gibt es quasi Sprüche wie: »Kochst du selbst oder bist du eine Rabenmutter und kaufst Gläschen?« Wir übertreiben jetzt, aber das ist genau das, was sich aktuell unter uns Müttern abspielt. Verurteilende Blicke werden schnell geworfen.

Vielen Müttern, eigentlich allen, ist das Wohl ihres Kindes das Wichtigste. Dennoch ernähren wir unsere Kinder sehr unterschiedlich. Warum ist das so? Ganz einfach: Es mangelt oft an fundiertem Wissen. Die Werbung veranschaulicht uns gute deutsche Marken mit schön aussehenden Verpackungen. Bei einem hohen Stresspegel und wenig Schlaf in der Nacht wird dem Gläschen oder den Keksen blind vertraut. Doch genau hier schleichen sich Unmengen an Zucker ein.

Der Alltag mit Kindern ist manchmal stressig und aufreibend. Klar greift man schneller zu fertigen Mahlzeiten. Das muss aber nicht sein. Lass dich einfach von unseren Rezepten inspirieren!

Und noch ein guter Ratschlag: »Keine Beratung ohne Auftrag!« Zeig Interesse für andere Meinungen. Nicht jede Mama hat das Ziel, sich und ihre Familie zuckerfrei zu ernähren. Du kannst keinem deine Meinung auszwängen. Jeder ist selbst für seine Entscheidung verantwortlich. Verurteile nie eine andere Meinung. Du weißt nicht, warum diese Mama so entschieden hat.

So oder so – ein Gespräch, ein offenes Wort ist immer die richtige Lösung, um sich zu positionieren. Es ist sehr wichtig, andere Standpunkte zuzulassen, aber ebenso, seinen eigenen Standpunkt deutlich klar zu machen. Auch, wenn dein Gegenüber es im ersten Moment nicht verstehen will oder kann. Geh den ersten Schritt und sage mutig deine Meinung. Sei allen damit einen Schritt voraus.

In Krippe, Kita und Schule

Neben der Zeit, die Kinder mit Eltern, Familie und Freunden verbringen, sind sie auch einen Großteil ihrer Zeit in Kindergärten und Schulen. Entscheidest du dich, wann auch immer, für eine Krippe, eine Tagesmutter oder einen Kindergartenplatz, ist eines ganz klar: Du gibst einen Teil deiner Erziehung in zunächst fremde Hände. Das hat Vor- und Nachteile.

Grundsätzlich denken wir, dass Kinder unter anderen Kindern am besten aufwachsen. Sie lernen

2 Millionen

Kinder essen täglich in einer Tageseinrichtung. Das sind doppelt so viele wie vor 10 Jahren.

viel voneinander und schauen sich einiges ab. Das gemeinsame Essen ist ebenso förderlich und führt ganz oft dazu, dass die Kinder besser und mehr essen als alleine oder in Gegenwart ihrer Eltern. Wir nennen es immer liebevoll »die Magie des Gruppenzwangs«.

Auf die Plätze, fertig, los ...

Entscheidest du dich für eine Krippe oder eine Tagesmutter, kommt zuerst das Kennenlerngespräch. Man beschnuppert sich, stellt alle möglichen Fragen und wird ausgehorcht, welche sonderbaren Wünsche Mama und Papa für ihr Kind haben. Nach Schlafgewohnheiten und besonderen Pflegeprodukten kommt schnell das Thema »Essen« auf. Hier gibt es große Unterschiede. Es werden Allergien und Unverträglichkeiten besprochen. Trends, die sich gerade durchsetzen, sind glutenfrei und vegan. Auch gibt es Kinder, die eine Fruktoseunverträglichkeit haben. Man sollte sich gut über diese Themen unterhalten. Hat ein Kind zum Beispiel eine heftige Allergie oder Zöliakie, eine ernsthafte Glutenunverträglichkeit, muss man sicherstellen, dass die Vertrauensperson auch alles dazu verstanden hat und beachten wird. Bei Zöliakie kann selbst das Benutzen desselben Messers, das zuvor zum Schmieren eines Brötchens mit Gluten benutzt wurde, schwere Darmkrämpfe und Entzündungen auslösen.

Das Vertrauensverhältnis zwischen Eltern und der Tagesmutter oder der Tageseinrichtung muss stimmen. Man möchte sein Kind schließlich ruhigen Gewissens dort hinbringen. Und man muss sich darauf verlassen können, dass auch Wünsche zum Beispiel zum Thema Zucker, eingehalten werden.

Essen in Kita und Co.

Frühstück

Nicht in jeder Tageseinrichtung wird für die Kleinen Frühstück angeboten. Es ist also wichtig, mit den Erziehungskräften über den Ablauf zu sprechen. Plane morgens genügend Zeit zu Hause für ein gesundes Frühstück ein, damit dein Kind nicht mit leerem Magen das Haus verlässt. Selbst, wenn in der Tageseinrichtung gefrühstückt wird, möchten einige Kinder etwas Kleines nach dem Aufstehen essen. Kinder haben einen erhöhten Energiebedarf und benötigen daher eine gute Zufuhr an gesunden Lebensmitteln. Es reicht für einen kleinen Snack auch ein Glas Milch und ein paar Dinkelstangen, wenn in der Tageseinrichtung gemeinsam gefrühstückt wird.

Manchmal sollen die Kinder ein Frühstück mitbringen. Der Inhalt der Brotdosen kann sehr kreativ gestaltet werden: kleine Obstspieße, ein leckeres Brot mit Frischkäse – als Eltern könnt ihr euch richtig austoben. Einige Kitas servieren jedoch bereits am Morgen Nutellabrote und gesüßten Kakao. Frage hier genau nach, was deinem Kind zum Frühstück angeboten wird. Zucker versteckt sich auch hier überall.

Mittagessen

In einigen Tageseinrichtungen gibt es hauseigene Küchen, andere werden von einem Caterer beliefert und zaubern so den Kleinen etwas Leckeres auf den Tisch. Nicht immer reicht das Geld des Landes oder der Gemeinde für ein ausgewogenes Essen aus. Die Eltern werden gebeten, ein sogenanntes »Essensgeld« zu zahlen. Je nach Standort beträgt dies zwischen 20 und 50 Euro im Monat. Wenn dafür ein wirklich gesundes Mittagessen auf den Tisch kommt, ist man gerne bereit, etwas aus eigener Tasche zu zahlen. Denn ohne Essensgeld liegt ein Mittagessen in der Tageseinrichtung im Schnitt bei 2,50 Euro. Mit wenig Geld ist es gar nicht so einfach, etwas Gesundes zu kochen.

Frag auch, ob es einen Wochenspeiseplan gibt und wirf einen Blick darauf. Gibt es genügend Gemüse? Vielleicht einmal die Woche auch Fisch? Wie ausgewogen ist das Mittagessen? Wo könnte man den Zucker eventuell reduzieren? Such bei Bedarf auch das Gespräch mit den Verantwortlichen.

Teezeit und Snacks

Kinder brauchen meist am Nachmittag noch mal eine kleine Mahlzeit. Dies wird in den Tageseinrichtungen ganz unterschiedlich gehandhabt. Von Butterbroten, frischem Obst und Gemüsescheiben bis hin zu Kuchen und Keksen. Einige haben nur einmal pro

Woche einen süßen Nachtisch. Frage hier in jedem Fall nach, wie oft es süße Nachspeisen und Snacks gibt und lasse es die Erzieher wissen, wenn du zum Beispiel nicht möchtest, dass dein Kind zu viel Zucker isst. Im Zweifel packst du für diesen Tag ein paar gesunde Snacks extra in den Rucksack.

Die DGE, die deutsche Gesellschaft für Ernährung, hat Qualitätsstandards für das Essen in den Tageseinrichtungen bestimmt:

Häufigkeiten für die Mittagsmahlzeiten in einem Vier-Wochen-Speiseplan (20 Verpflegungstage) auf einen Blick:

- 20 × Getreide, Getreideprodukte oder Kartoffeln, davon mindestens 4 × Vollkornprodukte und maximal 4 × Kartoffelerzeugnisse
- 20 × Gemüse, davon mindestens 8 × Rohkost oder Salat
- mindestens 8 × Obst
- mindestens 8 × Milch oder Milchprodukte
- maximal 8 × Fleisch/Wurst, davon mindestens 4 × mageres Muskelfleisch
- mindestens 4 × Seefisch, davon mindestens 2 × fettreicher Seefisch
- 20 × Getränke

So weit, so gut. Leider halten sich 60 Prozent der Tageseinrichtungen nicht an diese Standards, in nur 6,5 Prozent gibt es täglich Gemüse. Immer mehr Eltern möchten hier mitwirken und starten Kampagnen oder planen Elternabende, um sich zu besprechen. Zucker ist auch hier ein großes Thema. Das Budget ist oft nicht so groß, dass es für solch vielseitige, ausgewogene Mahlzeiten reicht. Dann kommen eben Nudeln mit Tomatensoße aus der Dose auf den Tisch. Und Zucker schleicht sich damit unentdeckt auf den Speiseplan, etwa in Form von Fertigsoßen und abgepacktem Fleisch. Gesund ist das nicht. Und unserer Meinung nach schmeckt es auch nicht.

Einige Tageseinrichtungen investieren in eine bessere Küche und planen mit den Eltern eine gesündere Ernährung für die Kinder. Aber viele scheitern doch am knappen Budget. Sie kämpfen vielmehr um ihre Existenz. Dabei sind die Plätze in Tageseinrichtungen deutschlandweit rar. Die Förderung bleibt aus, leider. Dabei sollte man doch gerade die Kleinsten unseres Landes bestens versorgen, oder?

Frage daher in der Tageseinrichtung nach einem Wochenspeiseplan und danach, welche Getränke den Kindern angeboten werden! Gib deine Wünsche genau an, zum Beispiel Zuckerfreiheit, Beachten von Unverträglichkeiten oder religiösen Hintergründen etc. Informiere dich, ob nach den Mahlzeiten die Zähne geputzt werden und wie oft es etwas Süßes zu naschen gibt.

Plötzlich Schulkind

Die Zeit rennt und schon kommt der Tag der Einschulung für die Kinder. Eine Schultüte muss sein, das ist ja irgendwie schon Brauch. Ob selbst gebastelt oder liebevoll ausgesucht und gekauft, das entscheide gerne selbst. Nicht jeder von uns ist ein Bastelgenie. Wie diese kleinen Augen strahlen, wenn sie ihre Schultüten das erste Mal sehen, die fast so groß und schwer sind als sie selbst. Früher, und wir erinnern uns noch gut, waren sie gefüllt mit Süßigkeiten. All das bunte Papier. Es leuchtete in Blau, Rot, Gelb. Von Schokolade über Brausepulver, Zuckerstangen und Schlümpfe. Was haben wir uns gefreut. Heute wissen wir, wie ungesund das alles ist. Aber was ist die Alternative?

Lecker heißt nicht gleich ungesund. Du kannst viele tolle Snacks selber machen und sie wertvoll verpacken, Trockenobst in kleine Schachteln mit einer hübschen Schleife packen. Auch Obstspieße mit Waffelherzen und kleine Brezeln sind immer beliebt. Wie wäre es sonst mit einem Stickerbuch? Ein paar Malstifte und ein neues Spielzeug sind ebenfalls toll. In der Schultüte können lauter Überraschungen stecken, ohne dass sie gefüllt ist mit Zucker.

Ideen zum Befüllen der Schultüte

Brotdose und Trinkflasche für den Pausensnack, Regenschirm, Portemonnaie oder Rucksack, T-Shirt und Hose für den Sportunterricht, Haarspangen, Zopfgummis, Glücksbringer oder Kuscheltier, ein Schlüsselband mit Adresse und eigenem Haustürschlüssel, Bastelsachen, Hörspiel, Springseil, Ball zum Spielen, Freunde-Buch oder Poesiealbum, Taschenlampe oder Lupe für kleine Forscher, Rätselheft, Bücher für Leseanfänger.

Zuckerfreie Vormittage

Mittlerweile haben es einige Schulen durchgesetzt: zuckerfreie Vormittage. Wir finden das wunderbar. Denn zum Lernen kann man den Zucker nun wirklich nicht gebrauchen. Nicht nur gesüßte Getränke wie Cola und Limonaden sind untersagt, sondern auch Kekse und Schokoriegel. Die Kinder können sich besser konzentrieren und haben keine Durchhänger. Und ihre Noten sind oft besser. Gibt es dies auch an deiner Schule in der Umgebung? Wenn nicht, schlage es doch mal beim nächsten Elternabend vor.

Bitte anstellen

Nicht selten müssen die Kleinen ab der 1. Klasse auch mittags in der Schule essen. Eltern haben manchmal keine andere Möglichkeit, als ihre Kinder in die Ganztagsbetreuung zu schicken. Geht es dir vielleicht auch so? Umso wichtiger ist dann eine gute Verpflegung über den Tag. Einige Schulen haben Kantinen, aber nicht jede Schule kocht selbst. Erkundige dich in jedem Fall nach dem Anbieter, der das Schulessen liefert. Die Kosten für ein Schulessen betragen im Schnitt zwischen 2,50 und 3,50 Euro. Das ist stark vom Bundesland abhängig.

Eine Tüte Buntes

Natürlich dürfen Kinder Taschengeld haben. Sie sollen den Umgang mit Geld lernen. Doch am besten, ohne dass sie dieses nur für Süßigkeiten ausgeben. Wie ist das möglich? Klare Verbote sind kein Weg, denn Verbotenes ist nur noch interessanter. Du kannst nur auf ein gutes Vertrauensverhältnis hoffen. Eine gute Aufklärung im Vorfeld hilft bestimmt.

Pausenbrot

Möchtest du sichergehen, dass dein Kind gesund isst, dann sorge für ein vielseitiges und ausgewogenes Angebot in der Pausenbrotbox. Viele gesunde Snacks lassen sich toll kombinieren mit einem klassischen Brot. Sei kreativ: Keksausstecher, die du sonst eher zu Weihnachten rausholst, zaubern tolle Motive und lassen Obst und Gemüse spannender aussehen. Eine Handvoll Nüsse oder auch getrocknete Aprikosen können Gesichter auf ein Brot zaubern. Pack neben dem Pausenbrot immer auch noch eine Flasche Wasser in den Rucksack.

In der Pubertät

Während der Pubertät verändert sich der Körper eines Kindes sehr stark. Die Heranwachsenden fühlen sich unsicher und müssen sich mit der neuen Situation erst einmal anfreunden. Der Druck gegenüber den Mitschülern steigt. Das Aussehen nimmt plötzlich einen großen Stellenwert ein. Mädchen wollen den Jungs gefallen, Jungs wiederum wollen cool und stark sein. Alles Klischees, wissen wir, aber in vielen Fällen trifft dies leider noch zu.

Der Kalorien- und Nährstoffbedarf ist ab sofort ein anderer. Wundere dich also nicht, wenn dein Kind plötzlich mehr essen möchte. Es ist nicht ungewöhnlich, wenn die Klamotten nicht mehr passen und pro Jahr zehn bis zwölf Zentimeter Körpergröße dazukommen. War dein Kind zuvor etwas übergewichtig, kann es dies durch das Wachstum wieder ausgleichen. Achte auch in dieser Zeit auf eine gesunde und zuckerfreie Ernährung.

Wie überzeugt man Jugendliche davon, sich gesund zu ernähren? Tendenziell wirken die gut gemeinten Reden von uns Eltern wenig. »Iss das nicht, es ist ungesund«, hat leider ausgesorgt. Versuche es mal mit dieser Argumentation: »Wenn du weniger Zucker isst, bekommst du auch weniger Pickel.« Gerade bei Mädchen wirkt dieser Satz Wunder. Oder: »Wenn du auf Zucker verzichtest, bist du auf lange Sicht viel leistungsfähiger im Sport.« Jungs, die Sport als Leidenschaft entdeckt haben, werden so mehr auf ihre Ernährung achten.

Schritt 4: Belohnungen

Achte darauf, dass du dein Kind weder mit Süßigkeiten belohnst noch tröstest. Dein Kind gewöhnt sich leider sehr schnell an diese ungünstige Strategie und wird es bald einfordern, wenn es etwas auf deinen Wunsch hin getan hat. Auch in unserer Generation wurde uns vorgelebt, mit Süßem belohnt zu werden. Möchtest du das für dein Kind?

Du kannst deine Kinder sehr gut mit anderen Dingen belohnen. Gemeinsame Zeit finden wir wunderbar und so wertvoll. Das kann ein Familienausflug, ein Filmabend oder eine Radtour sein. Oder hast du schon einmal eine kreative Schnitzeljagd durch den eigenen Garten gemacht? Probiere es mal aus! Sollte es dann doch einmal die materielle Variante sein, kannst du ein neues kleines Buch oder Spielzeug besorgen.

Vergiss auch nicht, dich selbst immer wieder mal zu belohnen, zum Beispiel mit einem schönen Buch, einem Strauß Blumen oder einer Massage.

Wenn du dich für dich und deine Familie ab sofort für ein zuckerfreies Leben entscheidest, ist es für alle eine enorme Umstellung, die nicht von heut auf morgen passiert. Kinder, die etwas älter sind, tun sich vielleicht schwerer damit zu akzeptieren, dass die Süßigkeiten von nun an unter der Woche vermieden werden. Denk an unseren Tipp 1: Schritt für Schritt.

Ist deine Familie bereit, sich mit dir auf dieses neue, gesündere Leben einzulassen, kann es sinnvoll sein, zum Beispiel an jedem Sonntag gemeinsam zu »sündigen«. Dann kannst du sagen: »Ihr habt die ganze Woche so wunderbar auf Zucker verzichtet. Heute darf sich jeder eine Sache aussuchen, die er gerne essen möchte.« Und wer weiß, vielleicht wird nach einer Weile auch nur noch das Zuckerfreie bevorzugt.

Zu guter Letzt: Hinterfrage, ob an der einen oder anderen Stelle überhaupt eine Belohnung notwendig ist. Kann es nicht sein, dass dadurch eine falsche Botschaft vermittelt wird und dein Kind glauben könnte, sonst nicht gut genug zu sein? Sätze wie »Wenn du jetzt lieb bist, bekommst du einen Keks«, sollten sparsam eingesetzt werden.

Schritt 5: Verurteile dich nicht!

Es gibt sie, die sogenannten »Rückfälle«. So möchten wir sie aber gar nicht bezeichnen, denn es klingt nach Schwäche. Schwach bist du ganz und gar nicht, wenn du zuckerfrei leben möchtest. Erwarte nicht, dass ihr all eure Essgewohnheiten von jetzt auf gleich ablegen könnt. Jahrelang haben sich eure Körper daran gewöhnt. Gerade für Kinder ist es eine große Herausforderung, Neues anzunehmen und vor allem nicht immer das zu essen, was andere Kinder auf dem Teller haben. Auf Kindergeburtstagen und Festen solltest du vielleicht nicht ganz so streng mit deinen Kleinen sein.

Sollte in dir trotzdem einmal das Gefühl des Versagens aufkommen, weil du vielleicht an der einen oder anderen Stelle beim Zucker schwach geworden bist, sage dir nicht, dass du »versagt« hast. Weder du noch keine Kinder dürfen dieses Gefühl haben. Vielmehr gilt die Devise: abhaken und weitermachen. Sei vielmehr stolz auf das, was du und deine Familie bisher erreicht haben.

Besinne dich einmal mehr auf die positiven Wirkungen eines zuckerfreien Lebens:

- Du schläfst besser. Durch weniger Zucker kommt dein Körper am Abend leichter zur Ruhe und dein Schlaf wird deutlich verbessert.
- Du kannst dich besser konzentrieren. Durch weniger Zuckertiefs bist du jederzeit voll und ganz wach und aufmerksam.
- Deine Haut wird strahlender und schöner. Du hast insgesamt ein besseres Hautbild, da Talgablagerungen durch Zucker vermieden werden.

- Du hast weniger Stimmungsschwankungen. Dein Hormonhaushalt bleibt konstant und du hast es mehr selbst in der Hand, wie du dich fühlst.
- Du bleibst gesünder. Etlichen Krankheiten kannst du mit deinem Zuckerverzicht vorbeugen. Allgemeines Wohlbefinden wird zu deinem täglichen Begleiter.

Gesund und zuckerfrei zu leben ist eine Herausforderung, aber mit unseren Tipps und Rezepten machen wir es dir einfach – und genussvoll. Lass uns gemeinsam diesen Weg gehen. Denn für ein süßes Leben braucht es keinen Zucker!

Praktische Hilfen

Regeln sind dazu da, gebrochen zu werden. Schon mal gehört? Wir auch. Und genau das ist der Grund, warum Fräulein Immersatt nicht mit Verboten »arbeiten« möchte. Uns geht es darum aufzuklären und Alternativen zu bieten. Doch wie schaffst du es, dass auch dein Kind versteht und akzeptiert, dass Naschen etwas Besonderes sein sollte. Ein paar einfach Tipps hierzu wären:

- Erkläre deinem Kind die Nachteile und Gefahren von Zucker. Kinder sollten den Zusammenhang zwischen zu viel Zucker und Übergewicht bzw. weiteren Krankheiten verstehen. Kinder sind in der Regel von Natur aus wissbegierig und sollten lernen, dass ihre Ernährung ausschlaggebend ist für Gesundheit und Wohlbefinden.
- Lass deine Kinder mitentscheiden, wenn es darum geht, was auf den Essenstisch kommt. Ein Wochenplan, der mit der ganzen Familie gemeinsam erstellt wird, kann hier helfen. Versuche deinen Kindern auch bei dem Verzehr von Süßigkeiten ein gewisses Mitspracherecht einzuräumen.
- Süßigkeiten sollten grundsätzlich außer Sichtweite aufbewahrt werden. »Aus den Augen, aus dem Sinn«, trifft gerade bei Kindern oft zu. Weder im Kinderzimmer sollten Süßigkeiten einfach herumliegen, noch sollte es eine spezielle Süßigkeitenschublade geben, da diese eine zu große Verführung darstellt. Die Süßigkeiten sollten außerdem gerade für Kleinkinder unerreichbar sein.
- Der beste Zeitpunkt, um Süßes zu genießen, ist nach dem Essen. So hält sich der Blutzuckeranstieg in Grenzen. Ständiges Snacken zwischendurch sollte vermieden werden. Der Körper braucht unbedingt Ruhephasen.

Leichter gesagt als getan? Deshalb möchten wir dir einen kleinen Koffer voller verschiedener Werkzeuge an die Hand geben. Tools, die dir und deinen Kindern im Alltag helfen sollen. Es handelt sich hierbei um kleine Aufgaben, Pläne oder Experimente, die du mit deinen Kindern zusammen spielerisch erarbeiten und ausprobieren kannst.

Tool 1: Ein Interview mit Fräulein Immersatt

Bei unserem ersten Tool handelt es sich um ein kleines Interview, welches du mit deinen Kindern gemeinsam kannst. Es ist eine Art Frage-und-Antwort-Spiel, bei dem Fräulein Immersatt in einfachsten Worten erklärt, was Zucker eigentlich ist, wo er enthalten ist und was er genau in unserem Körper macht.

Klein Anna: Liebes Fräulein Immersatt, bitte sag mir, was genau ist Zucker überhaupt und warum brauchen wir ihn?

Fräulein Immersatt: Liebe Anna, Zucker gehört zu den Kohlenhydraten. Kohlenhydrate sind der Treibstoff für deine Muskeln und dein Gehirn. Dein Körper verwandelt den Zucker in Glukose, sprich Traubenzucker, und gewinnt dadurch Energie. Letztendlich benötigt dein Körper hierfür aber nicht den industriellen Zucker, wie du ihn kennst. Schließlich ist zum Beispiel auch Fruchtzucker eine Art Zucker. Industriellen Zucker braucht dein Körper überhaupt nicht.

Klein Anna: Und wie macht mein Körper aus Kohlenhydraten Energie?

Fräulein Immersatt: Die Energie entsteht, wenn Glukose in deine Zellen gelangt. Hierfür produziert dein Körper das Hormon Insulin. Insulin sorgt dafür, dass deine Zellen sich öffnen und Glukose hineingelangen kann. Jetzt stellen deine Zellen Energie her.

Klein Anna: In welchen Lebensmitteln sind denn Kohlenhydrate enthalten?

Fräulein Immersatt: Kohlenhydrate findest du in sehr vielen Lebensmitteln, zum Beispiel in Brot, Kartoffeln, Nudeln, Mehl, aber auch in Obst, Milch und süßen Nahrungsmitteln.

Klein Anna: Sind es immer dieselben Kohlenhydrate, die dort enthalten sind?

Fräulein Immersatt: Nein, ganz und gar nicht. Leider gibt es gute und weniger gute Kohlenhydrate. In Süßigkeiten beispielsweise ist sehr viel Einfach- und Zweifachzucker enthalten. In Vollkornprodukten hingegen befindet sich Mehrfachzucker, welcher für dich deutlich besser ist.

Klein Anna: Warum denn das?

Fräulein Immersatt: Dein Körper kann Einfach- und Zweifachzucker sehr schnell verarbeiten und so gelangt er ruckizucki in dein Blut. Du hast also schnell einen hohen Blutzucker und produzierst sehr viel Insulin. Mehrfachzucker wird deutlich langsamer verarbeitet, deine Energie hält so viel länger an. Vollkornprodukte sind also sehr viel besser für dich als Süßigkeiten.

Klein Anna: Kann Zucker mich denn auch krank machen?

Fräulein Immersatt: Ein klares Ja! Zu viel Zucker kann zu vielen Erkrankungen führen. Übergewicht und Karies kennst du ja vielleicht. Es gibt aber tatsächlich noch viel mehr Krankheiten, die durch zu viel Zucker gefördert werden und die du weniger gut behandeln kannst.

Klein Anna: Nun meine letzte Frage, kann Zucker mich süchtig machen?

Fräulein Immersatt: Auch diese Frage muss ich mit Ja beantworten. Zucker bewirkt, dass sogenannte Botenstoffe in deinem Gehirn ausgeschüttet werden, eine Art Belohnungssystem. Du fühlst dich rundum wohl und möchtest immer mehr davon. Dein Körper gewöhnt sich an die Menge des Zuckers und will noch mehr und noch mehr, um sich wieder wohl und glücklich zu fühlen. Ein Teufelskreis. Also, achte genau auf deinen Zuckerkonsum, liebe Anna. Vielleicht bittest du Mama oder Papa das nächste Mal nach einer gesunden Alternative, wenn du Hunger auf etwas Süßes bekommst.

Tool 2: Der süße Teller

Das zweite Tool, das wir dir vorstellen möchten, ist »der süße Teller«. Hierbei handelt es sich eben um einen Teller oder eine kleine Schale, die dein Kind einmal in der Woche, vielleicht an jedem Sonntag, für die darauffolgende Woche selbst befüllen darf. Unsere Empfehlung: eine Süßigkeit pro Tag ist erlaubt. Das heißt ein Teil pro Tag, also sieben Teile in der Woche. Dein Kind darf sich nun aus dem Süßigkeitenvorrat, den wir bewusst sehr klein halten würden, sieben Teile selbst aussuchen und den süßen Teller damit füllen. Danach liegt es in der Verantwortung deines Kindes, wann es diese sieben Teile isst. Wichtig hierbei ist nur, dass klar definiert ist, dass der Grundsatz gilt: »Was weg ist, ist eben weg. Dann musst du eben bis nächsten Montag warten, bis es etwas Neues gibt.«

Es liegt jetzt bei deinem Kind, ob es direkt am ersten Tag alles verspeist oder aber nach einigen Versuchen merkt, dass es doch sinnvoller ist, seine Süßigkeitenration für die ganze Woche gut einzuteilen.

Natürlich macht der süße Teller erst dann Sinn, wenn dein Kind bewusst nach Süßigkeiten verlangt. Wir finden es eine schöne Möglichkeit, seinem Kind zu zeigen, dass Mama und Papa ihm oder ihr zutrauen, selbst zu entscheiden bzw. es sich selbstständig einzuteilen. Das Selbstwertgefühl des Kindes wird dadurch gestärkt und ein achtsamer Umgang mit Süßigkeiten kann erlernt werden. Einfach mal ausprobieren! Ein Überessen und eventuell daraus resultierende Bauchschmerzen können dazu gehören, doch durch Selbsterkenntnis lernt dein Kind sicher daraus.

Tool 3: Zuckerdetektiv

Als nächstes können deine Kinder einmal Zuckerdetektiv spielen. Wir haben uns ein kleines Rätsel für dich und deine Familie überlegt, durch das ihr die unterschiedlichsten Namen für Zucker kennenlernt und diese vielleicht im Supermarkt einfacher enttarnen könnt. Denn wie schon erwähnt, steht nicht immer Zucker drauf, wo Zucker drin ist. Doch viele Kinder, aber auch ihre Eltern kennen die häufigsten Bezeichnungen für den versteckten Zucker nicht.

Also, schaut einmal genau hin, welche Namen für Zucker kennt ihr denn schon? Erkennt ihr in der folgenden Liste, was eine Zuckerart ist und was nicht? Schreibt die einzelnen Buchstaben hinter den Bezeichnungen für Zuckerarten der Reihenfolge nach auf ein Blatt. Sie ergeben ein Lösungswort.

Glukose – O
Mehl – Z
Fruktose – B
Fett – G
Dextrose – S
Protein – F
Saccharose – T
Maltose – S
Aminosäure – V
Gerstenmalzextrakt – A
Maltodextrin – L
Vitamin C – J
Laktose – A
Ballaststoffe – U
Rohrzucker – T

Lösung:
OBSTSALAT

Tool 4: Zuckerexperimente

Der Geschmackstest

Was du brauchst:

- 200 ml Wasser
- 2 Gläser
- 24 Gramm Zucker
- Schneebesen
- 200 ml Cola

Und nun? Wasser in ein Glas füllen. Zucker hineingeben und so lange verrühren, bis der Zucker sich aufgelöst hat.

Nun ein weiteres Glas mit Cola füllen. Dann nimm doch einmal von jedem Glas einen großen Schluck.

Na, was schmeckt dir besser? Ist das Wasser nicht doch etwas sehr süß geraten?

Die Erklärung dazu:
Die enthaltene Säure in der Cola überdeckt tatsächlich den starken süßen Geschmack.

Der Durstlöscher-Test

Was du brauchst:

- Wasser
- Zuckerwürfel
- Pipette
- Apfelscheibe

Und nun? Gebe nun nach und nach Wassertropfen auf einen Würfel Zucker.

Zähl doch einmal mit, wie viele Tropfen Wasser von dem Zucker gespeichert werden, bevor er »zerläuft«.

Streue nun noch etwas Zucker auf eine Scheibe Apfel und beobachte was passiert.

Ergebnis:
Sicher hast du gemerkt, wie viel Wasser von Zucker aufgenommen werden kann. Der Zuckerwürfel kann so viele Wassertropfen speichern, weil Zucker Wasser bindet.

Und auf der Apfelscheibe sammelt sich das Wasser, weil der Zucker das Wasser aus der Frucht herauszieht.

Also, was bedeutet das jetzt für dich? Süßgetränke, Softdrinks und Co. stellen deinem Körper erst sehr spät das Wasser zu Verfügung. Diese Getränke eignen sich ganz und gar nicht dazu, deinen Durst zu löschen!

Der Süßkraft-Test

Wie wäre es mal mit einem kleinen Spiel in der Küche? Ein Spiel, bei dem du und deine Kinder Lebensmittel nach ihrer Süßkraft beurteilt. Schnapp dir einfach eine Reihe von süßen Lebensmitteln, die ganz unterschiedlich schmecken, aber dennoch alle süß sind. Hier mal ein paar Beispiele: Tomaten, Erbsen, Mais, Rosinen, Datteln, Honig, Kokosblütenzucker usw. Neben den gesunden Leckereien kannst du dann auch eine Messerspitze Haushaltszucker zum Vergleich dazu nehmen.

Die Lebensmittel werden alle nach und nach probiert und ihr könnt sie der Reihe nach mit Punkten bewerten. Auf einer Skala von eins bis zehn sollen Punkte vergeben werden. Mais erhält zum Beispiel drei Punkte, Datteln acht Punkte usw. Für diese Bewertung könntet ihr im Vorfeld gemeinsam kleine Punktekärtchen basteln.

Dieses kleine Spiel macht nicht nur viel Freude, sondern hilft euch auch, ganz bewusst das Nahrungsmittel und dessen jeweilige Süße zu schmecken. Kinder lernen so nicht nur, dass auch Gemüse süß schmecken kann, sondern auch, dass Datteln mindestens genauso toll schmecken können wie der übliche Haushaltszucker.

Die eigene Erkenntnis und dieser Aha-Moment können Kindern helfen, dass natürlich süße Lebensmittel und Zuckeralternativen noch besser angenommen werden.

Schätz doch mal ...

Ein kleines Ratespiel zum Abschluss:

Schätz doch mal, wie viel Würfel Zucker in diesen Lebensmitteln enthalten sind?

Zuordnen und verbinden!

Lösung:
Ketchup 2, Knuspermüsli 4, Gummibärchen 5, Fruchtjoghurt 7, Currywurst 9 Zuckerwürfel.

9 5 2 7 4

Rezepte

Und nun haben wir wirklich genug geredet. Jetzt wird´s lecker. Auf den nächsten Seiten findest du unsere absoluten Lieblingsrezepte, bei denen wir auf Zucker verzichten, sparsam mit Zuckerersatzstoffen umgehen und möglichst gesund und natürlich süßen. Lass dich inspirieren und probiere selbst!

Apfel-Nuss-Pfannkuchen

20 Min. 2–3 Portionen

Zutaten

2 Äpfel
4 EL gemahlene Mandeln
1 EL gehackte Haselnüsse
2 Eier
200 g Milch
200 g Dinkelmehl
2 TL Backpulver
1 EL zimmerwarme Butter
½ TL Zimt
Kokosöl zum Braten

nach Belieben:
frische Früchte
Obstmark

1. Zunächst die Äpfel waschen. Anschließend entkernen, vierteln und im Mixtopf **6 Sek./Stufe 6** zerkleinern.
2. Äpfel mit dem Spatel nach unten schieben, die restlichen Zutaten zugeben und **30 Sek./Stufe 4** verrühren.
3. Jeweils etwas Teig in eine heiße Pfanne mit Kokosöl geben und bei mittlerer Hitze goldbraune Pfannkuchen backen, dabei Teig einmal wenden
4. Nach Belieben frische Früchte oder Obstmark dazugeben.

Quinoa-Frühstücksbrei

25 Min. 1–2 Portionen

Zutaten

½ Banane
1 Tasse Milch
½ Tasse gepuffte Quinoa
2 EL Haferflocken
1 TL Kokosblütenzucker
1 TL Zimt

nach Belieben:
Obst
Nüsse

1. Die Banane schälen und klein schneiden. Alle Zutaten in den Mixtopf geben und **10 Min./100 °C/Linkslauf/ Stufe 2** aufkochen.
2. Den Brei in Schälchen füllen und nach Belieben Obst und Nüsse darübergeben.

Wusstest du eigentlich schon:

Quinoa ist eine der besten pflanzlichen Eiweißquellen überhaupt. Diese kleinen Körnchen beinhalten tatsächlich alle neun essenziellen Aminosäuren. Quinoa ist glutenfrei und der Gehalt an Mineralien schlägt den unseres Getreides um Längen. Quinoa soll sogar bei Migräne helfen und Krebs vorbeugen. Ein richtiges Wunderkörnchen also!

Tipp:

Unsere Variante hier ist mit etwas Naturjoghurt, Kokosraspeln, Banane und Nüssen verfeinert.

Rosinenstuten

1 Std. 20 Min. 12 Portionen

Zutaten

410 g Dinkelmehl
1 Würfel frische Hefe
40 g Kokosblütenzucker
2 Eier
125 g Milch
50 g zimmerwarme Butter
1 Prise Salz
125 g Rosinen
etwas Butter zum Bestreichen

1. Alle Zutaten (bis auf die Rosinen) in den Mixtopf geben und **2 ½ Min./Teigstufe** zu einem Teig verarbeiten.
2. Die Rosinen dazugeben und noch einmal **30 Sek./Teigstufe** unterkneten.
3. Etwas Backpapier in eine Kastenform legen. Den Teig hineinfüllen. Den Stuten nun mit einem Tuch abdecken und 30 Min. an einem warmen Ort gehen lassen.
4. Den Backofen auf 180 °C (Umluft) vorheizen. Den Stuten ca. 40 Min. im Ofen backen.
5. Anschließend etwas abkühlen lassen. Ein bisschen Butter darüberstreichen und fertig.

Porridge mit Datteln und Obst

15 Min. 2–3 Portionen

Zutaten

entsteinte Datteln
Rosinen
getrocknete Pflaumen
1 Tasse Wasser
1 ½ Tassen Milch
2 Tassen zarte Haferflocken
1 TL Zimt
1 EL Kokosblütenzucker

1. Datteln, Rosinen und Pflaumen in den Mixtopf geben und **5 Sek./Stufe 10** zerkleinern.
2. Die Obstmasse aus dem Mixtopf nehmen und in eine Schale füllen. Mixtopf kurz ausspülen.
3. Wasser, Milch, Haferflocken, Zimt und Kokosblütenzucker im Mixtopf **8 Min./100 °C/Stufe 2** ohne Messbecher kochen.
4. Porridge in kleine Schälchen füllen, das klein gehackte Trockenobst darüber verteilen und Porridge warm genießen.

Tipp:

Auch jedes andere Obst schmeckt fabelhaft dazu, zum Beispiel Birne oder Banane.

Hafer-Erdbeer-Smoothie

5 Min. | 1 Portion

Zutaten

1 Banane, geschält
250 g Milch
1–2 EL Naturjoghurt
3 EL Haferflocken
½ TL gemahlene Bourbonvanille
1 TL Gojibeeren
1–2 Handvoll gefrorene Erdbeeren

1. Einfach alle Zutaten in den Mixtopf geben und **10 Sek./Stufe 8** pürieren.
2. Den Smoothie in ein Glas füllen und genießen.

Wusstest du eigentlich schon:

Gojibeeren, diese winzigen roten Wunderbeeren, vereinen nicht nur nahezu alle lebenswichtigen Nähr- und Vitalstoffe in sich, sondern liefern uns außerdem sekundäre Pflanzenstoffe, die uns oft fehlen. Gojibeeren besitzen zahlreiche positive Eigenschaften. Sie wirken gegen chronische Entzündungen, helfen beim Aufbau der Darmflora und stärken unser Immunsystem. Nicht ohne Grund tragen sie also den Titel »Superfood«. Sie bereichern unsere Ernährung und fördern unsere Gesundheit.

Frucht-Granola

30 Min. 2–3 Portionen

Zutaten

60 g Trockenobst
(z. B. Rosinen, Pflaumen)
100 g gemischte Nüsse
(unbehandelt)
60 g kernige Haferflocken
2 EL Reissirup
50 g zimmerwarmes Kokosöl
1 EL geschroteter Leinsamen
1 EL gepuffte Quinoa

nach Belieben:
Milch
Naturjoghurt

1. Den Backofen auf 130 °C (Umluft) vorheizen.
2. Das Trockenobst und die Nüsse entweder ganz lassen oder in den Mixtopf geben und **5 Sek./Stufe 5** zerkleinern.
3. Alle weiteren Zutaten dazugeben und **1 Min./Linkslauf/Stufe 3** miteinander vermengen.
4. Das Granola dann auf einem mit Backpapier ausgelegten Backblech verteilen.
5. Anschließend 20 Min. im Ofen backen. Nach der Backzeit etwas auskühlen lassen.
6. Mit Milch oder Naturjoghurt genießen.

Kokos-Granola

25 Min. 5 Portionen

Zutaten

200 g gehackte Nüsse
(z. B. Pekannüsse, Mandeln, Haselnüsse)
60 g Kokoschips
180 g Hafer- oder Dinkelflocken
1 TL Zimt
100 g Butter oder Kokosöl, geschmolzen
3 EL Reissirup

nach Belieben:
Milch
Naturjoghurt

1. Den Backofen auf 120 °C (Umluft) vorheizen.
2. Ein Backblech mit Backpapier auslegen.
3. Alle Zutaten in den Mixtopf geben, **1 Min./Linkslauf/ Stufe 3** miteinander vermengen. Anschließend gleichmäßig auf dem Blech auslegen.
4. 15–20 Min. im Ofen backen, bis das Ganze eine schöne braune Farbe hat. Nach der Backzeit etwas auskühlen lassen.
5. Granola mit Milch, Naturjoghurt oder einfach so genießen.

Smoothie-Bowl

25 Min. 1 Portion

Zutaten

2 TL Chiasamen
lauwarmes Wasser
1 Banane, geschält
4 EL gefrorene Himbeeren
5 EL Joghurt
3 EL Haferflocken

nach Belieben:
Obst
Nüsse

1. Die Samen mit etwas lauwarmem Wasser in eine Schale geben und 15 Min. quellen lassen.
2. Parallel die restlichen Zutaten in den Mixtopf füllen und **8 Sek./Stufe 7** mixen. Ein kleines Stück der Banane für das Topping aufbewahren.
3. Die Smoothie-Masse anschließend in die Schale mit den Samen geben und gut einrühren.
4. Kreatives Topping gewünscht? Obst und Nüsse passen bestens.

Wusstest du eigentlich schon:

Chiasamen, diese winzigen Samen, tragen die Bezeichnung »Superfood« völlig zu Recht, denn sie stellen viele andere Lebensmittel in den Schatten. Chiasamen enthalten Kalzium, Eisen, Ballaststoffe und vor allem viele Omega-3-Fettsäuren. Nicht umsonst waren die Samen bereits für die alten Maya Grundnahrungs- und Heilmittel zugleich. Heute wird der Verzehr von Chiasamen bei zahlreichen Gesundheitsproblemen empfohlen, zum Beispiel bei Gelenkschmerzen, Bluthochdruck und Diabetes.

Obst-Milchbrötchen

1 Std. 20 Min. 4–5 Portionen

Zutaten

70 g Butter
250 g Pflanzendrink
1 Pckg. Trockenhefe
4 getrocknete Aprikosen
1–2 Handvoll Rosinen
500 g Dinkelmehl

Glasur:
1 Eigelb
2 EL Milch

1. Zunächst Butter, Pflanzendrink und Hefe im Mixtopf **3,5 Min./27 °C/Stufe 2** erwärmen.
2. Die Aprikosen klein schneiden oder hacken. Zusammen mit den Rosinen und dem Dinkelmehl in den Mixtopf geben und **2 Min./Teigstufe** kneten.
3. Das Ganze für 30 Min. im Mixtopf gehen lassen.
4. Den Backofen nun auf 150 °C (Ober-/Unterhitze) vorheizen.
5. Jetzt kleine Brötchen aus dem Teig formen und auf ein mit Backpapier belegtes Backblech legen.
6. Das Eigelb in einer Schüssel mit der Milch verquirlen und die Brötchen damit bestreichen. Weitere 10 Min. gehen lassen.
7. Die Milchbrötchen ca. 30 Min. im Ofen backen, bis sie eine schöne goldgelbe Farbe haben.

Dinkelgrießpudding

15 Min. 2 Portionen

Zutaten

500 g Milch
80 g Dinkelgrieß
3 EL Kokosblütenzucker
2 TL Zimt

nach Belieben:
Kokosblütenzucker
Zimt
Obst

1. Alle Zutaten in den Mixtopf geben und **8 Min./ 100 °C/Linkslauf/Stufe 2** aufkochen.
2. Anschließend in kleine Schälchen füllen, 1 weitere Prise Kokosblütenzucker und Zimt darübergeben oder den Brei mit Obst servieren. Warm genießen!

Dattelmus

2 Std. 10 Min. | 1 Glas

Zutaten

250 g entsteinte Datteln
250 g Wasser
Zimt
Kardamom
gemahlene Vanille

1. Die Datteln für ca. 2 Std. im Wasser einweichen. Anschließend im Mixtopf mit der Flüssigkeit **1 Min./Stufe 5** pürieren.
2. Dazwischen zweimal unterbrechen und die Dattelreste mit dem Spatel nach unten schieben.
3. Anschließend die Masse nach Belieben mit Zimt, Kardamom und Vanille abschmecken.

Wusstest du eigentlich schon:

Kardamom soll eine wohltuende Wirkung auf den Magen haben, bei Blähungen Abhilfe schaffen und verdauungsfördernd wirken. Neben Knoblauch ist Kardamom außerdem ein natürliches Mittel gegen Mundgeruch. Das Wundergewürz kann sogar aphrodisierend wirken und ein wahrer Stimmungsaufheller sein.

Tipp:

Eine supergesunde Alternative zu Marmelade und Schokoaufstrich. Das Ganze ist auch sehr gut mit getrockneten Pflaumen machbar.

Nuss-Schoko-Creme

10 Min. | 1 Glas

Zutaten

200 g gemahlene Nüsse (Haselnüsse, Mandeln)
15 g Backkakao
70 g Milch
60 g Reissirup
2 EL zimmerwarmes Kokosöl

1. Alle Zutaten in den Mixtopf geben und **4 Min./Stufe 4** cremig rühren.
2. Sofern die Masse noch zu fest ist, einfach etwas mehr Milch hinzugeben.
3. Fertig ist die leckere Nusscreme.

Frischer Kräuteraufstrich

10 Min. | 1–2 Gläser

Zutaten

15 g Kräuter (z. B. Dill, Petersilie, Schnittlauch; frisch oder TK)
90 g zimmerwarme Butter
200 g Quark
1 EL Olivenöl
Salz
Pfeffer

1. Bei der Verwendung von tiefgekühlten Kräutern diese zunächst auftauen lassen. Frische Kräuter waschen und trockenschütteln.
2. Kräuter im Mixtopf **6 Sek./Stufe 6** zerkleinern. Bei Bedarf mit dem Spatel herunterschieben und noch einige Sekunden hacken.
3. Die Butter in Stücken dazugeben und **25 Sek./Stufe 4** rühren.
4. Anschließend Quark und Olivenöl dazugeben und noch einmal **30 Sek./Stufe 4** verrühren. Mit Salz und Pfeffer abschmecken.

Sesam-Bagels

40 Min. 8 Stück

Zutaten

300 g Dinkelmehl
55 g geschrotete Leinsamen
2 TL Backpulver
2 TL Salz
3 EL Quark
3 Eier
3 TL Öl
2 TL Reissirup

Topping:
Sesam

1. Den Backofen auf 180 °C (Umluft) vorheizen.
2. Zunächst Mehl, Leinsamen, Backpulver und Salz im Mixtopf **1 Min./Knetstufe** miteinander vermengen. Dann die restlichen Zutaten dazugeben und alles **3 Min./Knetstufe** kneten.
3. Den Teig in 8 Portionen aufteilen. Daraus jeweils eine Kugel formen und mit dem Finger ein Loch in die Mitte drücken. Den Teig nun etwas nach außen dehnen, sodass die typische Bagelform entsteht.
4. Sesam auf einen Teller streuen. Jeden Bagel mit der Oberseite kurz in die Sesamsamen drücken.
5. Die Bagels mit der Unterseite auf ein mit Backpapier ausgelegtes Backblech legen.
6. Die Backzeit beträgt ungefähr 25 Min. Die Bagels kurz abkühlen lassen.
7. Anschließend nach Belieben belegen.

Pizza

1 Std. 50 Min. 2–3 Portionen

Zutaten

1 Würfel Hefe
330 g Dinkelmehl
200 g lauwarmes Wasser
1 TL Salz
1 TL Olivenöl
1 TL Honig
Mehl für die Arbeitsfläche

Belag:

Tomaten, Kräuter, Zwiebeln, Käse etc.

1. Die Hefe klein bröseln und mit den restlichen Zutaten in den Mixtopf geben und **3 Min./Knetstufe** zu einem Teig kneten.
2. Den Teig anschließend abdecken und 90 Min. gehen lassen, bis sich sein Volumen verdoppelt hat.
3. Den Backofen auf 250 °C (Ober-/Unterhitze) vorheizen.
4. Ausreichend Mehl auf die Arbeitsfläche geben, anschließend den Teig als Ganzes ausrollen oder für jedes Familienmitglied eine kleine Pizza formen. Teig auf ein mit Backpapier belegtes Blech legen.
5. Pizza nach Wunsch belegen: zum Beispiel mit passierten Tomaten, Kräutern, Zwiebeln, frischen Champignons, Schinken und Käse.
6. Die Pizza dann auf mittlerer Schiene ca. 15 Min. im Ofen backen.

Dinkel-Roggen-Brot

1 Std. 25 Min. 15 Portionen

Zutaten

50 g Sonnenblumen-/Kürbiskerne
150 g Vollkorn-Roggenmehl
350 g Dinkelmehl
1 Würfel Hefe
60 g Leinsamen
50 g Öl
250 g warmes Wasser
1–2 TL Salz

1. Die Kerne in einer Pfanne ohne Fett anrösten.
2. Sämtliche Zutaten in den Mixtopf geben und **4 Min/Knetstufe** kneten.
3. Eine Kastenform mit Backpapier auslegen, den Teig einfüllen und zugedeckt an einem warmen Ort 30 Min. ruhen lassen.
4. Den Backofen auf 220 °C (Umluft) vorheizen.
5. Das Brot auf mittlerer Schiene 45 Min. im Ofen backen. Anschließend aus der Form nehmen, gut abkühlen lassen und erst dann anschneiden.

Mediterranes Brot

1 Std. 40 Min. 15 Portionen

Zutaten

Butter für die Form
80 g Emmentaler am Stück
180 g getrocknete Tomaten
560 g Dinkelmehl
420 g lauwarmes Wasser
1 Pckg. Trockenhefe
3 EL Pizzagewürz
2 TL Paprika
2 TL Salz

1. Eine Kastenform gut einfetten.
2. Den Käse und die Tomaten in den Mixtopf geben und **8 Sek./Stufe 5** grob zerkleinern.
3. Die restlichen Zutaten dazugeben und **3 Min./Knetstufe** zu einem Teig verarbeiten.
4. Den Teig in die Form füllen und 30 Min. ruhen lassen.
5. Den Backofen auf 220 °C (Ober-/Unterhitze) vorheizen.
6. Darauf achten, dass möglichst wenig Tomaten sichtbar auf der Brotoberseite liegen, da diese schnell verbrennen.
7. Das Brot 55 Min. im Ofen backen. Kurz abkühlen lassen und noch warm genießen.

Knoblauchbrot

45 Min. 12 Portionen

Zutaten

2 Knoblauchzehen
3 Möhren
50 g Parmesan
1 Würfel frische Hefe
400 g Dinkelmehl
2 EL Öl
120 g Wasser
1–2 TL Salz
3 TL frisch gehackte Kräuter

1. Den Backofen auf 200 °C (Ober-/Unterhitze) vorheizen.
2. Den Knoblauch und die Möhren schälen, putzen, in den Mixtopf geben und **5 Sek./Stufe 5** zerkleinern.
3. Den Parmesan reiben, die Hefe klein bröseln und beides mt den restlichen Zutaten in den Mixtopf geben und **6 Min./Knetstufe** kneten.
4. Nun aus dem Teig ein Brot formen und mit einem Messer kleine Rillen hineinschneiden. Auf ein mit Backpapier belegtes Blech legen.
5. Das Brot etwa 30 Min. im Ofen backen.

Wusstest du eigentlich schon:

Knoblauch, diese Wunderknolle, findet in fast allen Küchen dieser Welt ihre Anwendung. Knoblauch ist nicht nur besonders schmackhaft und würzig, sondern hat auch heilende Kräfte. Besonders bekannt ist er dafür, dass er Blut, Herz und Gefäße gesund hält. Mittlerweile sind zudem weitere positive Auswirkungen im Bereich der Krebs- und Diabetesbehandlung bekannt. Außerdem soll Knoblauch auf unseren Darm desinfizierend wirken und diesen dadurch ebenfalls gesund halten.

Herzhafte Kräuterwaffeln

25 Min. 4–5 Stück

Zutaten

1 Bund Kräuter
1 Zwiebel
70 g Butter
240 g Dinkelmehl
1 TL Backpulver
1 Ei
1 TL Salz
210 g Milch

nach Belieben:
Schinken
Kräuterquark
Salat

1. Die Kräuter waschen und trocken schütteln. Die Zwiebel schälen. Beides in den Mixtopf geben und **3 Sek./ Stufe 5** zerkleinern. Mit dem Spatel nach unten schieben.
2. Die restlichen Zutaten hinzugeben und **40 Sek./ Stufe 4** verrühren.
3. Sollte der Teig noch etwas zu dick sein, noch einen Schluck Milch einrühren.
4. Nach Belieben ein paar Schinkenstückchen unter den Teig heben.
5. Die Waffeln mit einem Waffeleisen bis zur gewünschten Bräune backen. Wahlweise mit Kräuterquark oder einem Salat servieren.

Pizzabrötchen

35 Min. 6–8 Stück

Zutaten

300 g Dinkelmehl
250 g Quark
8 EL Milch
5 EL Öl
1 TL Salz
1 Pckg. Backpulver
40 g Röstzwiebeln
90 g geriebener Gouda
100 g Kochschinken, klein geschnitten

nach Belieben:
geriebener Gouda

1. Den Backofen auf 180 °C (Umluft) vorheizen.
2. Dinkelmehl, Quark, Milch, Öl, Salz und Backpulver in den Mixtopf geben und **3 Min./Teigstufe** kneten.
3. Die Röstzwiebeln, den Gouda und den Schinken zum Teig dazugeben und **2 Min./Linkslauf/Stufe 2** unterrühren.
4. Kleine Brötchen aus dem Teig formen und diese anschließend auf einem mit Backpapier ausgelegten Backblech in den Backofen schieben.
5. Nach Belieben noch etwas Käse über die Brötchen streuen und diese dann ca. 25 Min. im Ofen backen, bis sie schön braun sind.

Kartoffel-Möhren-Puffer

20–25 Min. 6–8 Stück

Zutaten

250 g Kartoffeln
100 g Möhren
1 Zwiebel
125 g Mozzarella
40 g Mehl
2 Eier
½ TL Salz
Öl zum Braten

nach Belieben:
Kräuterquark
Salat

1. Die Kartoffeln und die Möhren putzen, schälen und in Stücke schneiden.
2. Zwiebel schälen und alles zusammen mit dem abgetropften Mozzarella im Mixtopf **3 Sek./Stufe 5** zerkleinern.
3. Mehl, Eier und Salz zugeben und **10 Sek./Stufe 3** verrühren.
4. Etwas Öl in einer Pfanne erhitzen. Jeweils ca. 1 EL Teig in die Pfanne geben und den Puffer von beiden Seiten bei mittlerer Hitze braten.
5. Puffer nach Belieben mit etwas Kräuterquark und einem Salat deiner Wahl servieren.

Rosmarin-Focaccia

1 Std. 35 Min. 12 Portionen

Zutaten

300 g Dinkelmehl
½ Pckg. Trockenhefe
150 g lauwarmes Wasser
40 g Olivenöl
1 TL Salz
1 ½ TL grobes Salz
2–3 EL frische Rosmarinnadeln
70 g heißes Wasser
Butter für das Blech

1. Dinkelmehl, Trockenhefe, lauwarmes Wasser, 15 g des Olivenöls und Salz in den Mixtopf geben und **3 Min./Teigstufe** kneten.
2. Nun den Teig auf ein gefettetes Backblech legen, ausrollen, mit den Fingern Löcher hineindrücken und mit einer Gabel mehrmals in den Teig stechen.
3. Dann das restliche Olivenöl und das grobe Salz in einer Schale miteinander vermengen. Die Ölmischung anschließend auf dem Teig verteilen.
4. Ein paar Rosmarinnadeln darauflegen. Den Teig nun 1 ½ Std. gehen lassen.
5. Backofen auf 200 °C (Ober-/Unterhitze) vorheizen.
6. Bevor die Focaccia in den Ofen kommt, das heiße Wasser darübergießen, dann sofort in den vorgeheizten Backofen schieben und 25 Min. backen.

Wusstest du eigentlich schon:

Rosmarin wird sehr vielseitig eingesetzt: als Gewürz in deiner Küche, als Tee, in der Aromatherapie oder aber medizinisch und homöopathisch. Rosmarin soll beispielsweise die Leistungsfähigkeit des Gehirns steigern und kann vor Demenz oder Alzheimer schützen.

Gemüse-Muffins mit Ei und Thunfisch

40 Min. ca. 8 Stück

Zutaten

80 g Feta
1 kleine Dose Thunfisch in Lake
½ rote Paprikaschote
100 g Kirschtomaten
5 braune Champignons
3 Frühlingszwiebeln
Butter für die Form
6 Eier
6 EL Quark
Salz
Pfeffer

nach Belieben:
Kartoffelspalten
Salat

1. Den Backofen auf 160 °C (Umluft) vorheizen.
2. Den Feta mit Küchenpapier trocken tupfen und sehr klein bröseln.
3. Den Thunfisch abtropfen lassen und mit einer Gabel zerpflücken.
4. Das Gemüse waschen, putzen und in Stücke schneiden. In den Mixtopf geben und **3 Sek./Stufe 5** zerkleinern. Feta und Thunfisch dazugeben und **2 Min./Linkslauf/Stufe 2** verrühren.
5. Diese Masse dann in die gefetteten Muffinförmchen-füllen. Den Mixtopf kurz ausspülen.
6. Dann Eier, Quark, Salz und Pfeffer in den Mixtopf geben und **10 Sek./Stufe 4** verrühren. Die Eimasse über die Mischung in den Muffinformen gießen.
7. Die Muffins im heißen Ofen etwa 25 Min. backen, bis die Oberfläche leicht gebräunt ist. Die Muffins vor dem Verzehr kurz abkühlen lassen.
8. Dazu passen frische Kartoffelspalten aus dem Backofen und ein leckerer Salat.

Dinkel-Vollkornbrötchen

30 Min. ca. 8 Stück

Zutaten

1 Würfel Hefe
350 g lauwarmes Wasser
400 g Dinkelvollkornmehl
100 g Dinkelmehl
4–5 EL Röstzwiebeln
2–3 TL Salz

nach Belieben:

Körner für den Belag (Sonnenblumenkerne, Leinsamen usw.)

1. Den Backofen auf 220 °C (Ober-/Unterhitze) vorheizen.
2. Den Hefewürfel klein bröseln und mit dem lauwarmen Wasser **2 Min./Stufe 3** im Mixtopf vermengen.
3. Alle restlichen Zutaten dazugeben und **3 Min./Knetstufe** zu einem Teig verarbeiten.
4. Aus dem Teig Brötchen formen und diese auf einem mit Backpapier ausgelegten Backblech verteilen.
5. Die Brötchen mit Wasser bestreichen und nach Belieben mit Körnern bestreuen.
6. Die Kerne eventuell etwas in die Brötchen eindrücken.
7. Die Brötchen 15–20 Min. im Ofen backen.

Kichererbsen-Pfannkuchen

15 Min. 6–8 Stück

Zutaten

300 g Kichererbsenmehl
400 g Milch
2 Eier
1 TL Salz
1 TL gemahlene Kurkuma
2 EL Öl
Öl zum Braten

nach Belieben:
geriebener Käse

1. Alle Zutaten in den Mixtopf geben und **3 Min./Knetstufe** zu einem Teig verarbeiten.
2. Nach Belieben auch etwas geriebenen Käse dazugeben und **1 Min./Linkslauf/Stufe 2** unterheben.
3. Das Öl in einer Pfanne erhitzen, jeweils etwas Teig hineingeben und die Pfannkuchen von beiden Seiten goldgelb braten.

Tipp:

Pfannkuchen einrollen! So eignen sie sich wunderbar zum Dippen in Kräuterquark und sind handlicher für kleine Kinderhände. Dazu passen Salat und/oder etwas Fleisch.

Gemüse-Quiche

1 Std. 35 Min. 12 Portionen

Zutaten

Teig:
250 g Dinkelmehl
1 TL Salz
125 g Butter
1 Ei
Butter für die Form

Füllung:
2 Zucchini
1 rote Paprikaschote
200 g Kirschtomaten
2 Zweige Basilikum
1 Knoblauchzehe
1 EL Öl zum Braten
Salz
Pfeffer
5 Eier
130 g geriebener Parmesan
200 g körniger Frischkäse
300 g Frischkäse

1. Den Backofen auf 180 °C (Umluft) vorheizen.
2. Die Zutaten für den Teig in den Mixtopf geben und **2,5 Min./Knetstufe** kneten. Den Teig in ein feuchtes Tuch wickeln und 30 Min. im Kühlschrank ruhen lassen. Mixtopf kurz ausspülen.
3. Für die Füllung das Gemüse waschen. Die Zucchini längs halbieren und in Scheiben schneiden. Die Paprikaschote in Streifen schneiden. Die Tomaten halbieren. Basilikum waschen, trocknen und die Blätter abzupfen.
4. Den Knoblauch schälen und **3 Sek./Stufe 5** im Mixtopf zerkleinern, herausnehmen und beiseitelegen. Mixtopf ausspülen. Öl in einer Pfanne erhitzen und den Knoblauch kurz andünsten. Anschließend Zucchini und Paprika zugeben und weich dünsten. Mit Salz und Pfeffer würzen.
5. Eine gefettete Quicheform mit dem Teig auslegen. Die Gemüsemischung auf den Teig geben. Tomatenhälften und die Basilikumblätter darauf verteilen. Jetzt die Eier, den Parmesan und den Frischkäse in den Mixtopf geben und **20 Sek./Stufe 3** vermengen.
6. Die Masse mit Salz und Pfeffer würzen und gleichmäßig über das Gemüse gießen.
7. Die Quiche ca. 50 Min. im Ofen backen, bis die Eimasse gestockt ist. Während des Backens eventuell mit Alufolie abdecken, damit sie nicht zu dunkel wird.
8. Vor dem Servieren 10 Min. außerhalb des Ofens ruhen lassen.

Bananenbrot

1 Std. 20 Min. 12 Portionen

Zutaten

360 g Dinkelmehl
1 TL Natron
3 TL Zimt
4 EL Kokosblütenzucker
1 EL Steviagranulat
100 g gemahlene Nüsse (Mandeln oder Haselnüsse)
175 g Butter
2 Eier
150 g Naturjoghurt
4 reife Bananen, geschält, zerdrückt
4 EL Apfelmark

nach Belieben:

1 Banane als Garnitur
Dattelmus (optional, Seite 63)
Erdnussbutter

1. Den Backofen auf 170 °C (Umluft) vorheizen.
2. Alle trockenen Zutaten in den Mixtopf geben und **10 Sek./Stufe 3** miteinander vermengen.
3. Die Butter in einem Topf schmelzen und anschließend mit Eiern, Naturjoghurt, Bananen und Apfelmark in den Mixtopf geben und **20 Sek./Stufe 4** verrühren.
4. Den Teig anschließend in eine mit Backpapier ausgelegte Kastenform füllen.
5. Nach Belieben eine weitere geschälte Banane der Länge nach durchschneiden und oben in den Teig drücken.
6. Das Brot zunächst 30 Min. im Ofen backen. Danach die Temperatur im Backofen auf 140 °C reduzieren und das Brot noch einmal weitere 30 Min. backen.
7. Zu dem Bananenbrot passen etwas Erdnussbutter oder unser Dattelmus.

Zitronenkuchen

1 Std. 15 Min. 12 Portionen

Zutaten

Teig:
220 g zimmerwarme Butter
60 g Kokosblütenzucker
4 TL Steviagranulat
4 Eier
250 g Mehl
1 TL Zitronenschale
Saft von 1 Zitrone
2 TL Backpulver
Butter für die Form

Glasur:
1–2 TL Kokosblütenzucker
1 EL Wasser
Saft von 1 Zitrone

1. Den Backofen auf 180 °C (Umluft) vorheizen.
2. Die weiche Butter mit dem Kokosblütenzucker, dem Steviagranulat und den Eiern in den Mixtopf geben und **20 Sek./Stufe 3** verrühren.
3. Die restlichen Zutaten hinzugeben und **2,5 Min/Knetstufe** kneten. Eine Kastenform gut einfetten und den Teig hineinfüllen.
4. Den Kuchen ca. 60 Min. im Ofen backen.
5. Die Zutaten für die Glasur in einer kleinen Schüssel vermischen.
6. Mit einem Holzstäbchen mehrere Male in den fertigen Kuchen stechen und die Glasur über den Kuchen laufen lassen.

Möhren-Apfel-Kuchen

1 Std. 15 Min. 12 Portionen

Zutaten

5 Eier
200 g Möhren
100 g Apfel
Saft von ½ Orange
2 EL Wasser
5 EL Agavendicksaft
100 g Dinkelmehl
2 TL Zimt
1 Pckg. Backpulver
1 Prise Salz
150 g gemahlene Mandeln
50 g Erdmandeln
100 g zarte Haferflocken
Butter für die Form

nach Belieben:
Apfelmark
Quark
Walnusskerne

1. Den Backofen auf 175 °C (Umluft) vorheizen.
2. Die Eier trennen. Schmetterling in den Mixtopf einsetzen. Das Eiweiß in den Mixtopf geben und **2 Min./Stufe 5** steif schlagen. In eine Schüssel umfüllen und in den Kühlschrank stellen. Mixtopf kurz ausspülen.
3. Nun die Möhren und die Äpfel schälen, putzen und in Stücke schneiden. In den Mixtopf geben und **7 Sek./Stufe 6** raspeln.
4. Bis auf das Eiweiß sämtliche Zutaten in den Mixtopf geben und **2,5 Min./Knetstufe** kneten. Erst danach das geschlagene Eiweiß unterheben.
5. Eine Springform gut einfetten und die Teigmasse hineingießen.
6. Den Kuchen auf mittlerer Schiene im Ofen ca. 55 Min. backen.
7. Wenn der Kuchen etwas abgekühlt ist, nach Belieben mit Apfelmark bestreichen.
8. Wer möchte, gibt ein wenig Quark und Walnusskerne als Garnitur darüber.

Wusstest du eigentlich schon:

Erdmandeln sind unser kleiner Geheimtipp. Sie besitzen eine besondere natürliche Süße und sind gluten- und laktosefrei. Sie enthalten zahlreiche Vital- und Ballaststoffe, fördern die Verdauung und wirken anhaltend sättigend. Des Weiteren sollen Erdmandeln Magen-Darm-Erkrankungen vorbeugen und die Konzentrationsfähigkeit fördern.

Mandel-Zitronen-Kuchen

40 Min. 12 Portionen

Zutaten

120 g entsteinte Datteln
100 g gemahlene Mandeln
300 g Dinkelmehl
1 Pckg. Backpulver
1 Bio-Zitrone, davon die abgeriebene Schale
Saft von ½ Bio-Zitrone
4 EL Apfelmus
110 g Rapsöl
250 g Mineralwasser
2 EL Dattelmus (optional, Seite 63)
Butter für die Form
Mandelblättchen zum Bestreuen

1. Den Backofen auf 180 °C (Ober-/Unterhitze) vorheizen.
2. Die Datteln im Mixtopf **10 Sek./Stufe 10** zerkleinern. Mit dem Spatel herunterschieben.
3. Die restlichen Zutaten in den Mixtopf geben und **40 Sek./Stufe 4** verrühren.
4. Den Teig in eine gefettete Springform füllen.
5. Mit Mandelblättchen bestreuen und ungefähr 35 Min. im Ofen backen.

Schokoküchlein aus der Mikrowelle

3 Min. 2 Portionen

Zutaten

100 g gemahlene Mandeln
4 EL gehackte Haselnüsse
2 EL Rosinen
2 EL Backkakao
180 g Milch (hier Sojamilch)

1. Alle Zutaten in den Mixtopf geben und **20 Sek./ Stufe 3** verrühren.
2. Den Teig in mikrowellengeeignete Schüsseln füllen und 2 Min. in der Mikrowelle bei 630 Watt backen. Währenddessen immer wieder kurz die Mirkowelle pausieren lassen, um zu verhindern, dass der Teig überläuft.

Apfel-Mandel-Crumble

45 Min. 6 Portionen

Zutaten

Butter für die Form
3–4 mittelgroße Äpfel
3 EL Kokosblütensirup
100 g Mandelsplitter
100 g gehackte Haselnüsse
35 g Haferflocken
160 g zimmerwarme Butter
70 g Dinkelmehl (Type 630)
35 g Kokosflocken
25 g Kokosblütenzucker

1. Den Backofen auf 180 °C (Umluft) vorheizen.
2. Eine kleine Auflaufform mit Butter ausstreichen.
3. Die Äpfel schälen, halbieren, entkernen und in kleine Stücke schneiden. Die Apfelstücke in die gefettete Auflaufform legen und mit Kokosblütensirup beträufeln.
4. Die Mandelsplitter und die gehackten Haselnüsse darüber verteilen und alles etwas ziehen lassen.
5. Dann Haferflocken, Butter, Dinkelmehl, Kokosflocken und Kokosblütenzucker in den Mixtopf geben und **7 Sek./Stufe 3** vermischen.
6. Den Teig in eine Schüssel füllen und 15 Min. in den Gefrierschrank stellen.
7. Den Teig anschließend einmal gut kneten, damit kleine Streusel entstehen.
8. Die fertigen Streusel über die Apfelmischung streuen und den Crumble 20 Min. im Ofen backen.

Zwetschgen-Crumble

30 Min. 6 Portionen

Zutaten

10–12 Zwetschgen, je nach Größe
Butter für die Form
200 g Dinkelmehl
60 g Kokosraspel
60 g gehackte Haselnüsse
50 g Mandelblätter
3 EL Kokosblütensirup
6 EL zimmerwarmes Kokosöl

nach Belieben:
Kokosblütensirup
gehackte Nüsse

1. Den Backofen auf 180 °C (Umluft) vorheizen.
2. Die Zwetschgen waschen, entkernen, in Scheiben schneiden und damit den Boden einer gefetteten Auflaufform auslegen.
3. Die restlichen Zutaten in den Mixtopf geben und **7 Sek./Stufe 3** vermischen. Dann kleine Brösel daraus kneten.
4. Die Streusel auf den Zwetschgen verteilen. Nach Belieben etwas Kokosblütensirup und gehackte Nüsse daraufgeben.
5. Den Crumble ca. 25 Min. im Backofen backen.

Schoko-Cookies

20 Min. ca. 20 Stück

Zutaten

50 g dunkle Schokolade
(90 % Kakaoanteil)
50 g Kokosöl
20 g Kokosblütenzucker
2 EL Steviagranulat
40 g Reissirup
1 Ei
1 TL gemahlene Vanille
½ TL Backpulver
30 g Erdmandelmehl
180 g Dinkelmehl

1. Den Backofen auf 180 °C (Umluft) vorheizen.
2. Die Schokolade in den Mixtopf geben und **5 Sek./Stufe 6** hacken. Dann in eine Schüssel umfüllen. Das Kokosöl in einem Topf leicht erwärmen.
3. Das Öl anschließend mit Kokosblütenzucker, Steviagranulat, Reissirup, Ei und Vanille in den Mixtopf füllen und **2 Min./Stufe 3** verrühren.
4. Die restlichen Zutaten, bis auf die Schokolade, dazugeben und **40 Sek./Stufe 4** vermengen. Anschließend die gehackte Schokolade **30 Sek./Stufe 2** untermischen.
5. Nun aus dem Teig kleine Cookies formen und diese auf ein mit Backpapier ausgelegtes Backblech legen.
6. Die Cookies ca. 10 Min. im Ofen backen.

Wusstest du eigentlich schon:

Vanille, heute bekannt für ihren leckeren Geschmack, war lange Zeit ein begehrtes Heil- und Arzneimittel. Vanille wirkt äußerst gesundheitsfördernd auf den menschlichen Organismus. Sie soll Krebs und Alzheimer vorbeugen, wirkt nervenberuhigend und hilft sogar bei Schwangerschaftsübelkeit. Aufgepasst: Gemeint ist hier die »echte« Vanille und nicht die synthetische Variante Vanillin.

Nusskekse mit Keksstempel

20 Min. ca. 20 Stück

Zutaten

250 g Dinkelmehl
80 g zimmerwarme Butter
2–3 EL Kokosblütenzucker
2 EL Reissirup
30 g Mandelmus
100 g gemahlene Haselnüsse
½ Pckg. Backpulver
60 g Milch

1. Den Backofen auf 180 °C (Umluft) vorheizen.
2. Alle Zutaten in den Mixtopf geben und **2 Min./Stufe 3** zu einer homogenen Teigmasse verrühren.
3. Kleine Bällchen aus dem Teig formen, auf ein mit Backpapier belegtes Blech setzen und mit einer Gabel oder einem Keksstempel deiner Wahl platt drücken.
4. Die Plätzchen dann auf mittlerer Schiene ca. 15 Min. im Ofen backen.

Blaubeer-Schoko-Muffins

35 Min. 8–10 Stück

Zutaten

80 g Blaubeeren
200 g Dinkelmehl
25 g Kokosblütenzucker
½ TL gemahlene Vanille
1 TL Backpulver
2 Eier
40 g zimmerwarmes Kokosöl
3 EL Kokosbütensirup
1 EL Backkakao
90 g Milch
Butter für die Form

nach Belieben:
dunkle Schokolade (90 % Kakaoanteil)

1. Den Backofen auf 180 °C (Umluft) vorheizen.
2. Die Blaubeeren waschen und zerschneiden.
3. Die restlichen Zutaten in den Mixtopf geben und **15 Sek./Stufe 4** zu einem Teig verrühren.
4. Dann die Blaubeeren mit dem Spatel unterheben und den Teig in gefetteten Muffinförmchen verteilen.
5. Die Muffins im Ofen ca. 25 Min. backen.
6. Nach Belieben etwas geschmolzene dunkle Schokolade auf die noch warmen Muffins träufeln.

Wusstest du eigentlich schon:

Auch die uns allen bekannten Blaubeeren gelten als Superfood. Warum das? Blaubeeren haben eine positive Wirkung auf Herz und Gefäße. Außerdem sollen sie Krebs entgegenwirken. Weitere Studien haben sogar gezeigt, dass Blaubeeren die Gehirnaktivität verbessern und so ersten Demenzsymptomen entgegenwirken können.

Obst-Tarte

40 Min. 12 Portionen

Zutaten

140 g Dinkelmehl
60 g gemahlene Mandeln
3 EL zimmerwarmes Kokosöl
3 EL Kokosblütensirup
2 EL Wasser
etwas Kokosöl für die Form
2 Birnen
1 Apfel
3 EL frisch gepresster Zitronensaft
½ TL Zimt
1–2 EL Kokosblütenzucker

1. Den Backofen auf 200 °C (Ober-/Unterhitze) vorheizen.
2. Dinkelmehl und gemahlene Mandeln mit dem Kokosöl, Kokosblütensirup und dem Wasser in den Mixtopf geben und **30 Sek./Stufe 4** vermengen. Klebt der Teig zu sehr, einfach etwas mehr Dinkelmehl dazugeben.
3. Eine Tarteform mit Kokosöl einfetten. Den Teig kurz in der Hand kneten und dann in die Tarteform geben. Wichtig: Die Seiten dabei ebenfalls mit Teig bedecken.
4. Die Tarte mit Backpapier abdecken und 8 Min. im Ofen vorbacken.
5. In der Zwischenzeit das Obst schälen, vierteln, entkernen und in schmale Scheiben schneiden. Nun das Obst mit dem Zitronensaft einpinseln.
6. Die Tarteform nach der Backzeit aus dem Ofen nehmen und das Obst kreisrund darauf verteilen. Dann Zimt und Kokosblütenzucker in einer Schüssel vermischen und über das Obst streuen.
7. Tarte weitere 15 Min. bei nur noch 180 °C im Ofen backen.

Erdnusswaffeln

20 Min. 6–8 Stück

Zutaten

200 g Dinkelmehl
1 EL zimmerwarmes Kokosöl
210 g Haferdrink
1 TL Backpulver
2 EL Backkakao
2 Eier
4 EL Kokosblütenzucker
3 EL Erdnussmus
1 TL Steviagranulat

nach Belieben:
Erdnussmus

1. Alle Zutaten in den Mixtopf geben und **40 Sek./Stufe 4** verrühren.
2. Aus dem Teig in einem Waffeleisen goldbraune Waffeln backen.
3. Nach Belieben etwas Erdnussmus über die fertigen Waffeln streichen.

Zwetschgenkuchen vom Blech

45–50 Min. 12 Portionen

Zutaten

5 Eier
1 TL Zimt
160 g Quark
(mind. 10 % Fett)
1 TL gemahlene Bourbonvanille
4 TL Steviagranulat
2 EL Kokosblütensirup
90 g Haferdrink
110 g Mineralwasser
4 EL neutrales Öl
370 g Dinkelmehl
1 Pckg. Backpulver
1 ½ kg Zwetschgen

nach Belieben:
gehackte Nüsse
Kokosblütenzucker

1. Den Backofen auf 180 °C (Umluft) vorheizen.
2. Eier, Zimt, Quark, Vanille, Steviagranulat und Kokosblütensirup im Mixtopf **20 Sek./Stufe 4** cremig rühren.
3. Haferdrink, Wasser und Öl zunächst in eine Schüssel geben, kurz vermischen und anschließend auch in den Mixtopf füllen. Alles noch einmal **30 Sek./Stufe 4** verrühren.
4. Als Nächstes Mehl und Backpulver vermengen, in den Mixtopf geben und Teig noch einmal **30 Sek./Stufe 4** rühren.
5. Backpapier auf ein Backblech legen.
6. Zwetschgen waschen, entsteinen und in Scheiben schneiden.
7. Den Teig auf das Backblech geben und gut verstreichen.
8. Nun die Zwetschgen darauf verteilen und den Kuchen ca. 35 Min. im Ofen backen.
9. Nach dem Backen nach Belieben noch ein paar gehackte Nüsse oder eine Prise Kokosblütenzucker darüber verteilen.

Müsli-Kakao-Plätzchen

25–30 Min. 8–10 Stück

Zutaten

110 g Haferflocken
100 g Nüsse (Haselnüsse, Walnüsse, Cashewkerne)
65 g Trockenobst (Aprikosen, Rosinen, Pflaumen)
1 TL Zimt
2 TL Backkakao
1 kleine, reife Banane, geschält, zerdrückt
50 g zimmerwarme Butter

1. Den Backofen auf 175 °C (Ober-/Unterhitze) vorheizen.
2. Alle Zutaten, außer Banane und Butter, im Mixtopf **10 Sek./Stufe 10** zerkleinern.
3. Dann die Banane und die Butter dazugeben und Teig **20 Sek./Stufe 4** verrühren.
4. Mithilfe eines Löffels kleine Teigportionen auf ein mit Backpapier ausgelegtes Backblech setzen. Mit einer angefeuchteten, kleinen Gabel plattdrücken.
5. Die Kekse dann ca. 20 Min. im Backofen backen. Anschließend gut abkühlen lassen.

Kirsch-Muffins

35 Min. 9 Portionen

Zutaten

150–200 g frische Kirschen
200 g Dinkelmehl
20 g Kokosblütenzucker
1 TL Backpulver
2 TL geriebene Orangenschale
2 Eier
50 g zimmerwarmes Kokosöl
110 g Pflanzendrink
4 EL Reissirup
Butter für die Form

1. Den Backofen auf 180 °C (Umluft) vorheizen.
2. Die Kirschen waschen, entkernen und klein schneiden.
3. Dann alle trockenen Zutaten in den Mixtopf geben und **15 Sek./Stufe 4** vermengen.
4. Die restlichen Zutaten, bis auf die Kirschen, dazugeben und **30 Sek./Stufe 4** verrühren.
5. Etwa die Hälfte des Teigs in gefettete Muffinförmchen füllen. Anschließend die Kirschen darauf verteilen.
6. Dann nochmals etwas Teig darübergießen.
7. Die Muffins nun 20–25 Min. im Backofen backen.

Schoko-Doppelkekse

20 Min. 10 Stück

Zutaten

Teig:

2 EL Kokosblütenzucker
1 TL Steviagranulat
20 g zimmerwarmes Kokosöl
50 g zimmerwarme Butter
1 Ei
40 g Milch
200 g Dinkelmehl
100 g gemahlene Mandeln
30 g Backkakao
1 TL Backpulver

Füllung:

80 g Frischkäse (Doppelrahmstufe)
1 TL gemahlene Bourbon-vanille
10 g zimmerwarmes Kokosöl
1 TL Kokosblütenzucker
1 TL Steviagranulat

1. Den Backofen auf 180 °C (Umluft) vorheizen.
2. Kokosblütenzucker, Steviagranulat, Öl, Butter und das Ei etwa **2 Min./Stufe 4** im Mixtopf verrühren.
3. Die restlichen Zutaten dazugeben und alles **30 Sek./Stufe 4** zu einem Teig kneten.
4. Den Teig auf ein Backpapier legen und ein weiteres Blatt Backpapier darüberlegen.
5. Den Teig etwa 3 mm dick ausrollen. Das obere Backpapier entfernen und mit einem kleinen Glas Kreise ausstechen.
6. Die ausgestochenen Kekse auf ein mit Backpapier belegtes Backblech legen. Ca. 12 Min. im Ofen backen und anschließend gut abkühlen lassen.
7. Für die Füllung zunächst den Mixtopf kurz ausspülen, dann alle Zutaten **20 Sek./Stufe 4** verrühren.
8. Je einen Klecks Füllung auf einen Keks geben und einen zweiten Keks daraufsetzen.

Tipp:

Die Kekse am besten im Kühlschrank lagern.

Quark-Mohn-Kuchen

ca. 45 Min. 12 Portionen

Zutaten

250 g Quark
110 g neutrales Öl
2 Eier
200 g Dinkelmehl
5 EL Steviagranulat
20 g gemahlener Mohn
1 Pckg. Backpulver
3 EL Apfelmark
etwas Butter und Mehl für die Form

1. Den Backofen auf 180 °C (Ober-/Unterhitze) vorheizen.
2. Alle Zutaten im Mixtopf **35 Sek./Stufe 4** zu einem Teig verrühren.
3. Den Teig in eine gefettete und mit Mehl bestäubte Gugelhupfform füllen.
4. Die Masse mit einem angefeuchteten Esslöffel glattstreichen.
5. Den Kuchen ca. 40 Min. im Ofen backen und gut abkühlen lassen.
6. Wer mag, kann auf den fertigen Kuchen noch etwas Fruchtmark oder Nussmus streichen.

Tipp:

Sehr gut schmeckt dazu etwas Fruchtmark oder Nussmus.

Blaubeerwaffeln

ca. 10–15 Min. 5 Stück

Zutaten

40 g Blaubeeren
1 Banane, geschält
20 g Kokosöl
120 g Dinkelmehl
1 TL gemahlene Bourbon-vanille
2 EL Steviagranulat
50 g Milch
Fett für das Waffeleisen

nach Belieben:
Kokosblütensirup

1. Die Blaubeeren waschen und mit der Banane in den Mixtopf füllen und **8 Sek./Stufe 6** zerkleinern.
2. Die Masse einmal mit dem Spatel nach unten schieben.
3. Alle weiteren Zutaten in den Mixtopf geben und **40 Sek./Stufe 4** zu einem Teig verrühren.
4. Dann aus dem Teig in einem gefetteten Waffeleisen goldbraune Waffeln backen.
5. Nach Belieben vor dem Verzehr etwas Kokosblütensirup darüberträufeln.

Marmorkuchen

ca. 60 Min. 12 Portionen

Zutaten

200 g zimmerwarme Butter
6 EL Kokosblütenzucker
1 TL gemahlene Bourbon-vanille
2 TL Steviagranulat
4 Eier
350 g Dinkelmehl
100 g gemahlene Mandeln
160 g Milch
½ Pckg. Backpulver
20 g Backkakao
Butter für die Form

1. Den Backofen auf 180 °C (Ober-/Unterhitze) vorheizen.
2. Die weiche Butter mit dem Kokosblütenzucker, Vanille, Steviagranulat und den Eiern in den Mixtopf geben und **30 Sek./Stufe 4** verrühren.
3. Dinkelmehl, gemahlene Mandeln, Milch und Backpulver dazugeben und weitere **40 Sek./Stufe 4** zu einem Teig verarbeiten.
4. Die Hälfte des Teiges in eine gut gefettete oder mit Backpapier ausgelegte Form füllen.
5. Die andere Hälfte des Teiges mit dem Backkakao noch einmal **20 Sek./Stufe 4** verrühren.
7. Anschließend diesen dunkleren Teig ebenfalls in die Form geben und alles mit einer kleinen Gabel verrühren, damit ein schönes Muster entsteht.
8. Den Kuchen ca. 50 Min. im Ofen backen.

Kokos-Käsekuchen

1 Std. 10 Min. 12 Portionen

Zutaten

Teig:

130 g gemahlene Mandeln
70 g Kokosraspel
3 EL Kokosblütenzucker
50 g Butter, geschmolzen
3 EL Milch
Butter für die Form

Creme:

2 Eier
250 g Magerquark
250 g Frischkäse
40 g Kokosblütenzucker
1 EL Steviagranulat
Saft von ½ Zitrone
3 EL gemahlene Mandeln

1. Den Backofen auf 160 °C (Umluft) vorheizen.
2. Alle Zutaten für den Teig in den Mixtopf geben und **40 Sek./Stufe 4** zu einem Teig verrühren.
3. Den Teig dann in eine gefettete Springform füllen und mit einem feuchten Esslöffel glatt streichen.
4. Nun den Mixtopf kurz ausspülen, die Zutaten für die Creme hineingeben und **10 Sek./Stufe 6** verrühren.
5. Dann die Creme gut auf dem Teig verteilen und verstreichen.
6. Den Kuchen für 50–60 Min. im Ofen backen.
7. Eventuell zum Ende hin Alufolie auf den Kuchen legen, damit er nicht zu dunkel wird.

Apfelkuchen

1 Std. 12 Portionen

Zutaten

70 g zimmerwarmes Kokosöl
60 g Naturjoghurt
2 Eier
2 Spritzer Zitronensaft
70 g Kokosblütenzucker
20 g Reissirup
1 gehäufter TL Backpulver
200 g Dinkelmehl
6 EL Milch
Butter für die Form
4 Äpfel

1. Den Backofen auf 175 °C (Umluft) vorheizen.
2. Kokosöl, Joghurt, Eier, Zitrone, Kokosblütenzucker und Reissirup in den Mixtopf geben und **15 Sek./Stufe 4** verrühren.
3. Backpulver, Mehl und Milch zufügen und **40 Sek./Stufe 4** vermengen.
4. Den Teig in eine gefettete Springform (oder Tarteform) geben.
5. Die Äpfel waschen, entkernen und in feine Scheiben schneiden. So viele Apfelscheiben wie möglich in den Teig drücken.
6. Kuchen 30–40 Min. im Ofen backen, je nach gewünschtem Bräunungsgrad.

Fruchtige Apfel-Möhren-Muffins

40 Min. 8–10 Stück

Zutaten

260 g Äpfel
140 g Möhren
100 g gemahlene Mandeln
2 Eier
2 EL Kokosblütenzucker
1 EL Steviagranulat
40 g zimmerwarmes Kokosöl
50 g Milch
200 g Dinkelmehl
3 gehäufte TL Backpulver
1 TL Zimt
Butter für die Form

1. Den Backofen auf 180 °C (Ober-/Unterhitze) vorheizen.
2. Die Äpfel und die Möhren schälen, die Äpfel entkernen, beides in Stücke schneiden und im Mixtopf **7 Sek./Stufe 6** zerkleinern.
3. Nun die restlichen Zutaten hinzugeben und **15 Sek./Stufe 4** verrühren.
4. Den Teig in gefettete Muffinförmchen füllen und die Muffins 25–30 Min. im Ofen backen.

Geburtstagskuchen

40 Min. 12 Portionen

Zutaten

Teig:

280 g entsteinte Datteln
100 g Rosinen
180 g zimmerwarme Butter
30 g zimmerwarmes Kokosöl
4 Eier
5 EL Apfelmus
2 TL Kokosblütenzucker
130 g Dinkelmehl
1 TL Backpulver
7 EL Backkakao
Butter für die Form

Glasur:

50 g zimmerwarme Butter
3 EL Honig
3 EL Milch
2 EL Kakaopulver

nach Belieben:

Backoblaten
gehackte Nüsse

1. Den Backofen auf 180 °C (Ober-/Unterhitze) vorheizen.
2. Die Datteln und die Rosinen im Mixtopf **10 Sek./Stufe 8** klein hacken.
3. Jetzt die restlichen Zutaten für den Teig dazugeben und **40 Sek./Stufe 5** verrühren.
4. Den Teig anschließend in eine gefettete Springform gießen.
5. Den Kuchen 30 Min. im Ofen backen.
6. Alle Zutaten für die Glasur in den Mixtopf füllen und **2 Min./100 °C/Stufe 1** aufkochen lassen.
7. Die Glasur über den noch warmen Kuchen streichen.
8. Nach Belieben mit Backoblaten oder gehackten Nüssen verzieren.

Wusstest du eigentlich schon:

Die Dattel wird auch als »Frucht des Orients« oder als »Brot der Wüste« bezeichnet. Datteln sind vielleicht nicht besonders kalorienarm, besitzen aber Unmengen an wertvollen Eigenschaften. Sie enthalten zahlreiche Vitamine und Mineralstoffe, helfen bei der Verdauung, verfügen über eine antioxidative und entzündungshemmende Wirkung, sind gut für Augen und unser Herz-Kreislauf-System, stärken unsere Knochen und das Immunsystem und, und, und.

Martinsbrezel

55 Min. 8 Stück

Zutaten

Teig:
1 Würfel frische Hefe
75 g zimmerwarme Butter
500 g Dinkelmehl
150 g Milch
6–8 EL Kokosblütenzucker
55 g gemahlene Haselnüsse
150 g Naturjoghurt
Dinkelmehl für die Hände

Glasur:
2 EL Milch
1 Eigelb

nach Belieben:
Kokosblütenzucker
Zimt

1. Die Hefe klein bröseln und mit den restlichen Zutaten für den Teig in den Mixtopf geben und **2 ½ Min./Knetstufe** zu einem Teig verarbeiten.
2. Den Teig zugedeckt an einem warmen Ort ca. 25 Min. gehen lassen.
3. Den Backofen auf 200 °C (Ober-/Unterhitze) vorheizen.
4. Mit bemehlten Händen Rollen aus dem Teig formen und diese auf einem mit Backpapier belegten Blech zu Brezeln zusammenlegen.
5. Milch und Eigelb für die Glasur in einer kleinen Schüssel verquirlen und die Brezeln damit bestreichen.
6. Dann die Brezeln nach Belieben mit Kokosblütenzucker und Zimt bestreuen.
7. Im vorgeheizten Backofen 20–25 Min. backen, bis sie hellbraun sind.

Weihnachtsplätzchen

2 Std. 30 Min. 2 Bleche

Zutaten

180 g zimmerwarme Butter
2 Eigelb
60 g Kokosblütenzucker
2 EL Reissirup
250 g Dinkelmehl
90 g gemahlene Mandeln
2–3 EL Zitronensaft
1 TL Zimt
1 Msp. Christstollengewürz
Dinkelmehl für die Arbeitsfläche

nach Belieben:
dunkle Schokolade (90 % Kakaoanteil)

1. Butter, Eigelb, Kokosblütenzucker und Reissirup in den Mixtopf geben und **20 Sek./Stufe 2** verrühren.
2. Die restlichen Zutaten hinzugeben und **30 Sek./Stufe 4** zu einem Teig kneten.
3. Den Teig in Folie wickeln und ca. 2 Std. in den Kühlschrank stellen.
4. Den Backofen auf 180 °C (Umluft) vorheizen.
5. Den Teig auf einer bemehlten Arbeitsfläche ausrollen und mit Förmchen kleine Plätzchen ausstechen.
6. Die Plätzchen auf ein mit Backpapier belegtes Blech legen und 12–15 Min. im Backofen backen.
7. Wer mag, kann dunkle Schokolade schmelzen und die fertigen Plätzchen damit verzieren.

Wusstest du eigentlich schon:

Zimt, dieses wärmende Wundergewürz, gilt als sehr effektives Naturheilmittel. Er kurbelt den Stoffwechsel an und kann dadurch bei einer etwaigen Gewichtsreduktion helfen. Außerdem kann sowohl der Blutzuckerspiegel als auch der Cholesterinspiegel durch Zimt gesenkt werden. Da er auch jede Menge sekundäre Pflanzenstoffe enthält, wird er zudem zur Prävention von Krebs eingesetzt.

Bratäpfelchen

30 Min. 4 Portionen

Zutaten

4 Äpfel
Butter für die Form
4 Eiweiß
Steviagranulat
Zimt
4 EL zuckerfreies Nussmüsli

nach Belieben:
etwas Reissirup

1. Den Backofen auf 160 °C (Umluft) vorheizen.
2. Die Äpfel waschen, oben jeweils einen Deckel abschneiden (bitte aufbewahren) und das Kerngehäuse mit einem Ausstecher entfernen.
3. Die Äpfel in eine gefettete Auflaufform setzen.
4. Schmetterling in den Mixtopf einsetzen und das Eiweiß **3 Min./37 °C/Stufe 3,5** steif schlagen. Dann mit etwas Steviagranulat und Zimt abschmecken.
5. Nun das Müsli einfach mit dem Spatel unterheben und die Äpfel mit der Masse füllen.
6. Die Deckel wieder aufsetzen und die Äpfel 20–25 Min. im Backofen backen.
7. Nach Belieben noch etwas Reissirup nach dem Backen darüberträufeln.

Süßkartoffel-Brownies

1 Std. 6 Portionen

Zutaten

300 g Süßkartoffeln
7 entsteinte Datteln
80 g gemahlene Mandeln
5 EL gemahlene Haselnüsse
3 EL Backkakao
5 EL Dinkelmehl
2 EL Reissirup
4 EL Kokosblütenzucker
1 Prise Zimt
Kokosöl für die Form

nach Belieben:
dunkle Schokolade
(mind. 80 % Kakaoanteil)

1. Die Süßkartoffeln schälen, in grobe Würfel schneiden und in das Garkörbchen geben.
2. 500 g Wasser in den Mixtopf füllen, das Garkörbchen einsetzen und **24 Min./Varoma/Stufe 1** garen.
3. Garkörbchen mithilfe des Spatels herausnehmen und den Mixtopf leeren.
4. Den Backofen auf 180 °C (Umluft) vorheizen.
5. Süßkartoffeln in ein Sieb abgießen, mit den Datteln in den Mixtopf geben und **10 Sek./Stufe 8** zerkleinern. Die Masse mit dem Spatel nach unten schieben.
6. Die restlichen Zutaten dazugeben und **40 Sek./Stufe 5** verrühren.
7. Den Teig in eine gefettete Form geben und im Ofen ca. 30 Min. backen.
8. Wer mag, kann gleich nach dem Backen noch etwas Schokolade darübergeben, damit diese etwas verläuft.
9. Teig kurz abkühlen lassen und dann in Stücke schneiden.

Wusstest du eigentlich schon:

Mandeln besitzen nicht nur zahlreiche wichtige Nährstoffe, sondern wirken sich tatsächlich positiv auf unsere Gesundheit aus. Bereits 60 Gramm Mandeln am Tag schützen vor Diabetes, Herz-Kreislauf-Erkrankungen und sollen sogar unsere Knochendichte verbessern. Im Gegensatz zu ihren nahen Verwandten, den Hasel- und Walnüssen, sind Mandeln außerdem basisch und können demnach sehr gut in eine basische Ernährungsweise integriert werden.

Quarkstollen

1 Std. 15 Min. 12 Portionen

Zutaten

Teig:
480 g Dinkelmehl
1 Pckg. Backpulver
70 g Kokosblütenzucker
2 Eier
250 g Quark
90 g zimmerwarme Butter
1–2 TL Christstollengewürz
150 g Rosinen
55 g gehackte Haselnüsse
5 g Zitronenschale

Glasur:
1 Eigelb
2 EL Milch

nach Belieben:
1 Prise Kokosblütenzucker

1. Den Backofen auf 190 °C (Ober-Unterhitze) vorheizen.
2. Die Teigzutaten – außer Rosinen, Nüssen und Zitronenschale – in den Mixtopf geben und **1 Min./Stufe 5** vermengen.
3. Erst dann Rosinen, Nüsse und Zitronenschale hinzufügen und **50 Sek./Knetmodus** den Teig kneten.
4. Den Teig ggf. mit den Händen noch einmal kurz nachkneten und zu einem Stollen formen. Auf ein mit Backpapier belegtes Blech setzen.
5. Stollen insgesamt 60 Min. im Backofen auf mittlerer Schiene backen.
6. Eigelb und Milch in einer kleinen Schüssel miteinander verquirlen. Nach ca. 45 Min. den Stollen mit der Glasur bestreichen.
7. Nach Belieben etwas Kokosblütenzucker darüberstreuen.

Osterhefezopf

1 Std. 20 Min. 12 Portionen

Zutaten

300 g Milch
50 g Butter
7 g Trockenhefe
30 g Kokosblütenzucker
550 g Dinkelmehl (Type 630)
1 TL Salz
80 g Rosinen
1 Ei
Mehl für die Arbeitsfläche

nach Belieben:
gehackte Nüsse
1 Prise Kokosblütenzucker

1. Milch, Butter, Trockenhefe und Kokosblütenzucker in den Mixtopf geben und **3 Min./37 °C/Stufe 2** erwärmen.
2. Mehl, Salz und Rosinen dazugeben und **3 Min./Knetstufe** zu einem Teig verkneten.
3. Den Teig in eine Schüssel geben und mit Frischhaltefolie abdecken und 60 Min. ruhen lassen.
4. Den Teig dann in drei gleich große Stücke teilen und diese auf einer bemehlten Arbeitsfläche jeweils zu einem Strang rollen. Die drei Stränge am Ende miteinander verbinden und vorsichtig einen Zopf flechten.
5. Den Zopf auf ein mit Backpapier belegtes Blech legen und weitere 20 Min. mit Folie abgedeckt gehen lassen.
6. Den Backofen auf 180 °C (Umluft) vorheizen.
7. Das Ei in einer Schüssel verquirlen und den Zopf damit bestreichen. Nach Belieben noch gehackte Nüsse oder 1 Prise Kokosblütenzucker darüberstreuen.
8. Den Zopf ca. 25 Min. im Backofen backen.

Nussecken

45 Min. 8 Portionen

Zutaten

Teig:
100 g zimmerwarme Butter
200 g Dinkelmehl
55 g Kokosblütenzucker
2 Eier
1 TL gemahlene Bourbonvanille
1 TL Backpulver
Butter und Dinkelmehl für das Blech

Fruchtaufstrich:
4–5 EL Apfel-Mango-Mark

Nussmasse:
60 g Kokosöl
30 g Kokosblütenzucker
200 g gemahlene Mandeln
50 g gehackte Haselnüsse

nach Belieben:
30 g dunkle Schokolade (mind. 85 % Kakaoanteil)

1. Den Backofen auf 190 °C (Ober-/Unterhitze) vorheizen.
2. Sämtliche Zutaten für den Teig in den Mixtopf geben und **1 Min./Stufe 4,5** zu einem Teig verarbeiten.
3. Den Teig auf einem gefetteten, bemehlten Blech ausrollen. Das Fruchtmark darauf verteilen.
4. Nun das Kokosöl und den Kokosblütenzucker für die Nussmasse kurz in einem Topf erhitzen. Dann die Nüsse unterrühren.
5. Falls die Masse noch zu trocken ist, einfach 3 EL Wasser dazugeben.
6. Nun die Nussmasse auf dem Fruchtmark verteilen.
7. Den Teig 30 Min. im Backofen backen, dann etwas abkühlen lassen.
8. Teigplatte anschließend in Quadrate schneiden und diese noch einmal diagonal durchschneiden, sodass kleine Nussecken entstehen.
9. Nach Belieben dunkle Schokolade schmelzen und die Ecken damit verzieren.

Wusstest du eigentlich schon:

Nüsse enthalten für uns sehr gesunde Fette, hochwertiges Eiweiß, sekundäre Pflanzenstoffe, Ballaststoffe, Vitamine und Mineralstoffe. Sie sind besonders gut für das Herz und die Blutgefäße. Einige Portionen Nüsse wöchentlich können sogar das Herzinfarkt- und Schlaganfallrisiko verringern. Auch Diabetes und einigen Krebsarten wird durch den Verzehr von Nüssen vorgebeugt. Achte aber darauf, dass du möglichst naturbelassene Nüsse isst.

Power-Bällchen

20 Min. ca. 15 Stück

Zutaten

130 g getrocknete Früchte (Datteln, Rosinen, Aprikosen)
etwas heißes Wasser
50 g gemahlene Mandeln
50 g Kokosraspel
2 TL Leinsamen
2 EL Milch

nach Belieben:
Sesam
gehackte Nüsse

1. Das Trockenobst 10 Min. in einer Schüssel mit heißem Wasser einweichen.
2. Das Wasser dann wegschütten und das eingeweichte Obst in den Mixtopf geben und **10 Sek./Stufe 7** zerkleinern. Die Masse einmal mit dem Spatel nach unten schieben.
3. Dann die restlichen Zutaten dazugeben und **10 Sek./Stufe 6** vermengen.
4. Aus der Masse kleine Bällchen formen. Die Kugeln nach Belieben in Sesam oder gehackten Nüssen wälzen.

Wusstest du eigentlich schon:

Leinsamen gibt es in drei unterschiedlichen Formen zu kaufen: ganz, gemahlen oder geschrotet. Geschrotete Leinsamen quellen besonders gut auf und die einzelnen Bestandteile werden besser vom Körper aufgenommen. Allerdings sind sie dann nur wenige Tage haltbar und sollten schnell verzehrt werden. Durch das Aufquellen sättigen Leinsamen stark und verbessern außerdem deine Verdauung.

Tipp:

Nach dem Zubereiten ab mit den Power-Bällchen in deinen Kühlschrank, denn gekühlt schmecken sie am besten.

Schoko-Energiebällchen

20 Min. ca. 20 Stück

Zutaten

12 entsteinte Datteln
etwas heißes Wasser
140 g gemahlene Nussmischung
1–2 EL geschrotete Chiasamen/Leinsamen
1 EL Backkakao

nach Belieben:
Kokosraspel

1. Die Datteln 10 Min. in einer Schüssel mit heißem Wasser einweichen.
2. Dann das Wasser wegschütten und die Datteln in den Mixtopf geben und **10 Sek./Stufe 7** hacken. Die Datteln einmal mit dem Spatel nach unten schieben.
3. Nun die restlichen Zutaten dazugeben und **10 Sek./Stufe 5** miteinander vermengen.
4. Sollte die Masse noch zu trocken sein, einfach etwas Milch oder Wasser dazugeben.
5. Aus der Masse mit den Händen kleine Bällchen formen.
6. Nach Belieben Kokosraspel in eine Schüssel füllen und die Bällchen darin wälzen.

Tipp:

Die Bällchen im Kühlschrank aufbewahren. Gekühlt schmecken sie am besten.

Fruchtige Energiebällchen

20 Min. ca. 20 Stück

Zutaten

120 g Erdbeeren oder Himbeeren
70 g entsteinte Datteln
2 EL Kokosöl
75 g gemahlene Mandeln
90 g Dinkelmehl
Kokosraspel

1. Die Früchte vorsichtig waschen und gegebenenfalls entstielen.
2. Alle Zutaten (außer den Kokosraspeln) in den Mixtopf füllen und **10 Sek./Stufe 6** zerkleinern. Mit dem Spatel einmal die Masse nach unten schieben,
3. Mit den Händen aus der Masse kleine Bällchen formen. Sollte die Masse zu feucht sein, einfach etwas mehr Dinkelmehl dazugeben.
4. Nach Belieben Kokosraspel in eine Schale füllen und die Bällchen darin wälzen.

Tipp:

Ab in den Kühlschrank damit, denn gekühlt schmecken sie am besten.

Mango-Eis

10 Std. 5 Min. 4 Portionen

Zutaten

2 reife Mangos, geschält
1 reife Banane, geschält
Wasser
1 EL Kokosblütenzucker

1. Das Mangofruchtfleisch vom Kern schneiden und mit der klein geschnittenen Banane und etwasWasser in den Mixtopf geben. Das Ganze dann **5 Sek./Stufe 5** zerkleinern.
2. Den Kokosblütenzucker dazugeben und noch einmal **40 Sek./Stufe 10** pürieren.
3. Die Masse in Eisförmchen füllen und mindestens 10 Std. im Eisfach gefrieren lassen.

Erdbeer-Bananen-Eis

10 Std. 5 Min. 4 Portionen

Zutaten

2 Bananen, geschält
2 Handvoll TK-Erdbeeren
etwas Mandeldrink

nach Belieben:
Kokosblütenzucker

1. Die Bananen klein schneiden und über Nacht (mindestens 10 Std.) ins Eisfach legen.
2. Das tiefgekühlte Obst mit etwas Mandelmilch in den Mixtopf geben und **10 Sek./Stufe 8** zerkleinern.
3. Nach Belieben Kokosblütenzucker dazugeben.
4. Masse in kleine Schälchen füllen und sofort genießen.

Einfaches Schokoeis

12 Std. 5 Min. 4 Portionen

Zutaten

4 Bananen
30 g Backkakao

1. Die Bananen schälen, klein schneiden und mindestens 2 Std. ins Eisfach legen.
2. Dann die Bananen zusammen mit dem Backkakao in den Mixtopf geben und **8 Sek./Stufe 8** zerkleinern. Je nach Belieben noch feiner pürieren.
3. Creme sofort in Schälchen servieren und nach Belieben mit einem Topping nach Wahl versehen.

Einfaches Fruchteis

2 Min. 4 Portionen

Zutaten

200 g TK-Beeren (z. B. Blaubeeren, Himbeeren)
1–2 EL Kokosblütenzucker
100 g Quark

1. Die gefrorenen Beeren und den Kokosblütenzucker in den Mixtopf geben und **10 Sek./Stufe 8** zerkleinern.
2. Nun den Quark dazugeben. und das Ganze noch einmal **30 Sek./Stufe 4** vermengen. Sofort in Schüsseln servieren.

Fruchtiger Kiwi-Spaß

10 Std. 3 Min. 4 Portionen

Zutaten

4 Kiwis, geschält
2 Bananen, geschält
Wasser
1 Prise Kokosblütenzucker

1. Die Kiwis und die Bananen klein schneiden, in den Mixtopf geben und **30 Sek./Stufe 10** pürieren. Bei Bedarf noch etwas Wasser dazugeben.
2. Nach Belieben 1 Prise Kokosblütenzucker dazugeben und noch einmal kurz mixen.
3. Das Mus dann in kleine Förmchen füllen und diese mindestens 10 Std. ins Eisfach legen.

Joghurt-Zitronen-Eis

10 Std. 3 Min. 1 Portionen

Zutaten

200 g Naturjoghurt
Saft von ½ Zitrone
2–3 TL Reissirup
1 EL Kokosblütenzucker

1. Alle Zutaten in den Mixtopf geben und **20 Sek./Stufe 10** pürieren.
2. Die Masse in kleine Eisförmchen füllen und über Nacht im Gefrierfach lassen.

Müsliriegelchen

35 Min. 10–12 Stück

Zutaten

40 g Haselnüsse
60 g Mandeln
25 g Rosinen
25 g entsteinte Datteln
2 EL Kokosflocken
50 g Dinkelflocken
25 g Haferflocken
45 g Butter
50 g Kokosblütensirup
80 g Apfelmark
2 EL Kokosblütenzucker

1. Den Backofen auf 180 °C (Ober-/Unterhitze) vorheizen.
2. Nüsse, Mandeln, Rosinen, Datteln, Kokos-, Dinkel- und Haferflocken in den Mixtopf geben und **5 Sek./Stufe 9** zerkleinern.
3. Butter, Kokosblütensirup, Apfelmark und Kokosblütenzucker in einen Topf geben und aufkochen lassen.
4. Die gemahlene Nuss-Frucht-Mischung gründlich unter die Flüssigkeit rühren.
5. Das Ganze auf ein mit Backpapier ausgelegtes Backblech geben. Die Masse mithilfe eines angefeuchteten Löffels flach streichen.
6. Dann den Teig 20 Min. im Backofen backen.
7. Das Backblech herausholen, den Teig in schmale Streifen schneiden und weitere 5 Min. im Ofen backen.
8. Anschließend Müsliriegel aus dem Backofen holen und gut abkühlen lassen.

Apfelkompott

20 Min. 2–3 Portionen

Zutaten

320 g Äpfel
Saft von 1 Zitrone
1 Prise Zimt
20 g Kokosblütenzucker

1. Die Äpfel waschen, entkernen und klein schneiden.
2. Zusammen mit den restlichen Zutaten in den Mixtopf geben und **9 Min./100 °C/Stufe 1** kochen.
3. Das Ganze dann **20 Sek./Stufe 5** zerkleinern bzw. bis zur gewünschten Konsistenz pürieren.

Tipp:

Als Variation eignet sich auch eine Kombination aus Äpfeln und Birnen.

Kakaogetränk

5–10 Min. | 1 Portion

Zutaten

200 g Milch (Kuhmilch oder Pflanzendrink)
1 EL Kokosblütenzucker
1 EL Backkakao
1 Prise Zimt

nach Belieben:
Zimt

1. Die Zutaten in den Mixtopf geben und **6 Min./80 °C/ Stufe 1** erwärmen.
2. Kakao in einen Becher gießen und nach Belieben noch mit etwas Zimt bestreuen.

Wusstest du eigentlich schon:

Kakao ist vielleicht nicht unbedingt kalorienarm, aber solange er nicht mit Unmengen an Zucker verarbeitet wird, besitzt er zahlreiche positive Eigenschaften. In reinem Kakaopulver stecken beispielsweise Mineralstoffe wie Magnesium und Kalium sowie wertvolle Antioxidantien, die unsere Zellen vor freien Radikalen und vorzeitiger Alterung schützen können. Außerdem verfügt Kakao tatsächlich über eine stimmungsaufhellende Wirkung.

ACE-Saft

ca. 15 Min. 1–2 Portionen

Zutaten

2 Möhren
1 Apfel
80 g Orangensaft
20 g Wasser
Saft von ½ Zitrone

1. Möhren putzen und waschen, Apfel waschen und entkernen. Beides klein schneiden und mit den restlichen Zutaten in den Mixtopf geben, **5 Sek./Stufe 5** zerkleinern und dann **1 Min./Stufe 10** pürieren.
2. Wer mag, kann die Masse noch durch ein feines Sieb passieren.
3. Saft in ein schönes Glas oder eine verschließbare Flasche füllen.

Fruchtige Wraps

10 Min. 4 Portionen

Zutaten

300 g Dinkelmehl
4 EL neutrales Öl
2 TL Kokosblütenzucker
1 Prise Salz
150 g warmes Wasser
Kokosöl zum Anbraten

nach Belieben:
zuckerfreie Marmelade
Joghurt
Beeren
Granola (optional, Seite 53, 55)

1. Mehl, Öl, Kokosblütenzucker und Salz in den Mixtopf geben und **20 Sek./Stufe 4** vermengen.
2. Dann das Wasser dazugeben und noch einmal **40 Sek./ Stufe 4** verrühren.
3. Eine Pfanne mit etwas Kokosöl erhitzen, portionsweise etwas Teig hineingeben und Wraps backen, dabei Teig einmal wenden.
4. Die Wraps nach Belieben mit Marmelade, Joghurt, Beeren und Granola füllen und genießen.

Cantuccini

35 Min. 6 Portionen

Zutaten

200 g gemahlene Mandeln
60 g Mandeln
2 EL Dinkelmehl
2 EL Kokosblütenzucker
1 TL Zimt
3 Eier
1 EL Milch

1. Backofen auf 200 °C (Umluft) vorheizen und ein Backblech mit Backpapier auslegen.
2. Die Mandeln, Mehl, Kokosblütenzucker und Zimt in den Mixtopf geben und **20 Sek./Stufe 4** vermengen.
3. Eier und Milch zufügen und alles **40 Sek./Stufe 4** verkneten.
4. Den Teig auf dem Backblech zu 2 Teigrollen formen und diese 15 Min. im Ofen backen.
5. Rollen aus dem Backofen holen, in etwa 1 cm dicke Stücke schneiden, diese mit der Schnittfläche nach oben auf das Blech legen und weitere 10 Min. goldbraun backen.

Trauben-Waffel-Spieße

15 Min. 6 Portionen

Zutaten

2 Handvoll frisches Obst

Teig:
190 g Dinkelmehl
1 EL Kokosöl
200 g Milch
1 TL Backpulver
2 Eier
3 EL Cashewmus
2 EL Kokosblütenzucker
1 EL Zimt
Fett für das Waffeleisen

1. Das Obst waschen, putzen und in kleine Stücke schneiden.
2. Die Zutaten für den Teig in den Mixtopf geben und **40 Sek./Stufe 4** vermengen.
3. Aus dem Teig in einem gefetteten Waffeleisen goldbraune Waffeln backen.
4. Nun abwechselnd das Obst und die Waffeln auf Spießchen stecken und genießen.

Das bin ich: Elisa

2006 bin ich für eine Bankausbildung von Mecklenburg-Vorpommern nach Hamburg gezogen. Die schöne Stadt mit ihrem Hafen und den Menschen mit ihrer nordischen Art wurde schnell mein neues Zuhause. Ich mochte meine Arbeit, studierte nebenbei und sammelte viele Erfahrungen. Aber mir gefiel es auch, Sport zu treiben, und das Hobby entwickelte sich zu meiner großen Leidenschaft. Die Themen Fitness, Ernährung und später dann noch Achtsamkeit wurden in meinem Leben immer wichtiger. Vor sechs Jahren machte ich den ersten Schritt in eine neue berufliche Richtung. Ich absolvierte eine erste Trainerausbildung. Mittlerweile bin ich nicht nur Personal Trainerin, sondern auch Ernährungsberaterin.

Nicht immer fand ich das Thema Essen leicht. Ich war nie dick, sodass ich nicht auf meine Ernährung achten musste. Aber ich merkte, dass ich in der Pubertät das eine oder andere Kilo zunahm und die kleinen Fettpölsterchen an der Hüfte zu sehen waren. Je mehr ich mich mit Fitness beschäftigte, desto intensiver begann ich, verschiedene Diäten auszutesten. Von Low-Carb bis Metabolic Balance – ich habe sie fast alle ausprobiert. Ich möchte jetzt nicht von solchen Diäten abraten, dich aber an meinen Erfahrungen teilhaben lassen, denn die Waage wurde letztendlich zu meinem Feind. Ich stellte schnell fest, wie die Zahl auf der Waage meine Stimmung täglich beeinflusste. War mein Gewicht niedrig, startete ich freudestrahlend in den Tag. Aber ein paar Gramm zu viel ließen mich traurig und wütend werden. Mal abgesehen davon, dass ich mir so gut wie nichts »gönnte«.

Es ist schwer, aus diesem täglichen Zwang des Wiegens auszubrechen, aber ich habe es geschafft. Heute ist es für mich eine Seltenheit, dass ich mich auf die Waage stelle. Oft fragen mich Leute, wie viel ich wiege. Ich kann es dann gar nicht genau sagen. Als ich 2016 schwanger wurde, bekam ich noch mal einen ganz anderen Blickwinkel auf meine Ernährung. Ich war nun verantwortlich für ein kleines Lebewesen in meinem Bauch. Mit Einführung der Beikost wurde es dann kompliziert. Ich merkte schnell, dass viele Produkte für Babys unfassbar unnatürlich sind und Zusatz- und Konservierungsstoffe enthielten, deren Namen ich noch nie gehört hatte, bis hin zu meinem altbekannten Feind Zucker. Es schockierte mich, was für Unmengen an Zucker in all unseren Lebensmitteln stecken.

Das waren meine ersten Schritte zu unserer heutigen Marke Fräulein Immersatt. Ich bin nicht für ein komplettes Zuckerverbot bei Kindern, denn ich finde, dass Verbote eher zu einer Essstörung führen können. Aber ich möchte meinen Alltag möglichst gesund und zuckerfrei gestalten. Ich möchte entscheiden, wann ich Zucker esse, und ihn nicht unbewusst zu mir nehmen – was bei der heutigen Ernährungsweise leider viel zu oft passiert.

Im Juli 2019 kam meine zweite Tochter Emmi auf die Welt. Wir versuchen auch ihr einen gesunden Start ins Leben zu ermöglichen, und das beginnt mit dem Stillen. So sorgen wir nun für unsere kleine Familie. Mit all den tollen Rezepten, die einen echten Mehrwert für die ganze Familie bieten. Ohne viel Tam-tam und ohne Schnickschnack. Ich schreibe hier über meine Erfahrungen als Mama und freue mich, wenn ich mit dir diese Erfahrungen teilen kann.

Alles Liebe,
deine Elisa

Das bin ich: Loreen

Wer bin ich? Die Frage war für mich tatsächlich eine der schwierigsten überhaupt … Ganz klassisch beantwortet: Ich heiße Loreen, bin 31 Jahre alt und komme aus dem Ruhrgebiet. Nach dem Abitur machte ich eine Ausbildung, es folgte ein duales Studium und kurz danach arbeitete ich im gehobenen Dienst einer Verwaltung – ein ganz »normaler« Job also.

Meine Kindheit hingegen verlief vielleicht nicht ganz so wie bei anderen. Bereits im Kindergartenalter fiel mir auf, dass ich ein bisschen dicker als alle anderen Kinder war. Und ich stellte auch fest, dass ich nicht so hoch springen und nicht so schnell laufen konnte wie die anderen. Ich hatte hier das allererste Mal dieses Gefühl, nicht so viel wert zu sein wie andere … Und leider hat mich dieses Gefühl dann eine lange Zeit in meinem Leben begleitet. Um genau zu sein, hat es sich im Laufe der Zeit und mit zunehmendem Gewicht sogar noch verstärkt. Abwertende Blicke und Hänseleien waren für mich Alltag.

Doch während meiner Pubertät setze ich dem selbst ein Ende. Ich schaffte es, aus eigenen Stücken innerhalb eines Jahres 35 Kilogramm abzunehmen und hatte mein Idealgewicht erreicht. Und ich habe es bis heute gehalten. Gesunde Ernährung, Bewegung und Fitness sind seitdem ein großer Bestandteil meines Lebens.

Die Jahre vergingen. Beruflich hatte ich mich schnell an alles gewöhnt und privat lief es besser denn je. Ich hatte die Liebe meines Lebens gefunden und fand mich eines schönen Tages glücklich vor dem Traualtar wieder. Das mit Abstand größte Ereignis in meinem bisherigen Leben war jedoch die Geburt meines Sohnes. Seit Oskar auf der Welt ist, ist nichts mehr so, wie es einmal war. Mir wurde schnell bewusst, dass ich mir nichts auf dieser Welt mehr wünschte, als dass Oskar in seinem Leben glücklich werden würde. Zwangsläufig stellte ich mir eines Tages die Frage, wie ich ihm dabei ein gutes Vorbild sein konnte.

Dabei wurde mir klar, dass mir etwas ganz Entscheidendes in meinem eigenen Leben fehlte – meine Lebensaufgabe. Irgendwann fand ich mich vor einem weißen Blatt Papier wieder, auf das ich intuitiv geschrieben hatte: „Hilf anderen Menschen, das zu schaffen, was du geschafft hast!" Ich hatte es in der Vergangenheit geschafft, mein Leben so zu verändern, dass ich nicht nur ein gesundes Gewicht, sondern auch ein gesundes Bewusstsein erlangt hatte. Und ich hatte es auch geschafft, diesen neuen Lebensstil beizubehalten. So wollte ich Menschen dabei helfen, genau das zu schaffen. Ich bildete mich weiter zur Ernährungsberaterin. Da auch Themen wie Achtsamkeit und Spiritualität für mich wichtig sind und ich Menschen ganzheitlich coachen möchte, absolvierte ich eine Ausbildung zur Entspannungstrainerin. Ernährung, Bewegung und Achtsamkeit sind für mich die wichtigsten Faktoren für ein gesundes und glückliches Leben.

Gesunde Ernährung beginnt, sobald unsere Kinder die erste Nahrung zu sich nehmen. Mir wurde vor Augen geführt, wie ungesund und vor allem zuckerhaltig so viele Lebensmittel sind, die wir unseren Kindern Tag für Tag geben. Daher möchte ich Familien dabei helfen, eine möglichst gesunde, achtsame und zuckerfreie Ernährung zu verwirklichen.

Alles Liebe,
deine Loreen

Schlusswort

Nun bist du am Ende unseres Buches angelangt. Wir haben uns lange überlegt, was wir dir zum Schluss noch alles mit auf den Weg geben möchten. In erster Linie hoffen wir natürlich, dass dir das Buch gefallen hat und du wertvolle Tipps für deine gesündere Zukunft mitnehmen kannst. Unser Wunsch ist es, so viele Familien wie nur möglich mit unseren Ideen zu erreichen. Wir wollen dir mit Rat und Tat zur Seite stehen. Und dieses Buch soll erst der Anfang sein. Wir haben noch tolle Pläne für die Zukunft und du kannst uns auf unserer Reise verfolgen und uns jederzeit kontaktieren. Denn uns gibt es wirklich, Elisa und Loreen, die beiden Mamas, die eben nicht so anders sind als du.

Wir wünschen uns, dass dieses Buch dein ständiger Begleiter in ein zuckerfreies Leben wird. In diesem Sinne: Bleib gesund und munter!

Deine Elisa und Loreen

Danksagung Elisa

„Danke" ist wohl das Wort, das man heutzutage am wenigsten benutzt. Oft wird alles als selbstverständlich hingenommen. Es ist ein guter Grund, gerade jetzt in diesem Moment und mit diesen Zeilen den Menschen zu danken, die mich schon so lange begleiten.

Du, liebe Sina, hast mich schon sehr lange begleitet. Mit all meinen sprunghaften Ideen und Plänen hast du immer an mich geglaubt. Du hast mir auch den Mut zugesprochen, es einfach mal zu machen. Diesen Mut habe ich gebraucht.

Die moderne Welt führte uns zusammen, liebe Loreen. Ich danke dir einfach dafür, wie du bist. Dass du mir Kraft gibst, wenn ich es gerade nicht kann. Ich bin so dankbar, dass du in meinem Leben bist und wir mit unserem Fräulein Immersatt ein so wunderbares Lebensprojekt gestartet haben.

Generell möchte ich auch meinen Eltern einen großen Dank aussprechen, die mir oft den Rücken freigehalten haben, damit ich mich meiner Arbeit widmen kann. Ohne euch hätte ich diese Zeit einfach nicht gehabt.

Mit dir an meiner Seite fühlt sich das Leben so wundervoll an, lieber Timo. Das Schicksal führte uns beide wieder zusammen. Ich liebe dich und möchte dich nie wieder missen. Denn wenn dir einmal jemand gezeigt hat, was Fliegen ist, reicht Hüpfen einfach nicht mehr aus. Ich danke dir, denn du machst mich unglaublich glücklich.

Und zu guter Letzt gelten diese Zeilen meinen beiden Töchtern Lene und Emmi. Ihr hast mich zur Mama gemacht. Es ist die weitaus schönste Ehre. Ihr machst mein Leben so richtig vollkommen. Ihr entschleunigst mich, wenn ich dabei bin, mich selbst wieder zu überholen. Ihr erinnerst mich daran, den Moment zu genießen. Ich wünsche mir so sehr, dass auch ihr irgendwann einfach euren Traum nachgehen werdet und auf euer Bauchgefühl hört.

Zu selten sagt man Danke. Dies jetzt mit diesen Zeilen getan zu haben, ist erfüllend und befreiend zu gleich. Es ist ein tolles Gefühl, dieses Danke hier festgehalten zu haben. Ich bin dankbar für alle meine Erfahrungen. Sie haben mich geprägt und zu der Person gemacht, die ich heute bin. Habe ich mich verändert? Ja! Sonst säße ich gerade nicht hier und würde diese Zeilen schreiben.

Danksagung Loreen

Es ist vollbracht. Unser Buch ist geschrieben und wir haben etwas für uns unheimlich Wertvolles erschaffen. Wir haben so viel Liebe, Schweiß, Tränen und Herzblut in dieses Projekt gesteckt und sind unendlich stolz, nun dieses Werk in den Händen halten zu dürfen. Wir haben mit diesem Buch etwas erschaffen, das bleibt. Etwas, das uns selbst überleben wird und hoffentlich möglichst viele Familien erreichen und ihnen helfen wird, gesünder zu leben.

Wir sind unfassbar stolz, was wir bisher schon alles erleben durften. Wir haben tolle Menschen kennengelernt, die uns unterstützt und gefördert haben, wie beispielsweise dich, liebe Sabine. Danke, dass du unser Projekt in die Welt bringst. Dieses Buch soll erst der Anfang sein, der Anfang von vielen weiteren Projekten …

An diesem Punkt in meinem Leben würde ich womöglich nicht stehen, wenn es den einen oder anderen Menschen nicht gegeben hätte. Zu allererst möchte ich einer ganz besonderen Frau danken. Einer Frau, die mich bereits eine halbe Ewigkeit kennt und die für mich wie eine Schwester ist. Du, liebe Kim, bist für mich unendlich wertvoll und die Freundschaft oder sagen wir besser die Beziehung zu dir wird jede Zeit, jede noch so weite Entfernung und einfach alles überdauern. Ich danke dir! Ich danke dir dafür, dass du von der ersten Sekunde an, an mich und Fräulein Immersatt geglaubt hast.

Neben der für mich wichtigsten Frau möchte ich auch dem für mich wichtigsten Mann in meinem Leben danken. Nils, du bist mir so viel mehr als „nur" ein Ehemann. Du bist mein bester Freund, der Vater meines Kindes und mein Partner in jeglicher Hinsicht. Du bist es, der mir so viel Liebe, Geborgenheit und Sicherheit schenkt, Tag für Tag. Der an mich glaubt, mich unterstützt und der mich täglich dazu motiviert, groß zu denken. Ich liebe dich und wünsche mir, dass wir noch viele wunderbare Abenteuer gemeinsam erleben, uns stetig weiterentwickeln und zusammen alt werden.

Liebe Elisa, auch dir möchte ich einmal mehr danken. Ich danke dir dafür, dass du in mein Leben getreten bist. Ich danke dir dafür, dass du du bist und wir Fräulein Immersatt gemeinsam groß machen werden. Denn heute weiß ich, alles ist möglich. Wir müssen einfach unsere Träume leben …

Auch meiner Familie, meinen Eltern und meiner großen Schwester Melanie möchte ich an dieser Stelle danken. Ich danke euch, dass ihr mir das Gefühl gebt, immer für mich da zu sein.

Und zu guter Letzt möchte ich dem Menschen danken, der am allermeisten in mir bewegt hat. Demjenigen, der mich von Grund auf verändert und mich zu einem besseren Menschen gemacht hat. Mein lieber Oskar, wenn du diese Zeilen irgendwann einmal liest: Ich bin so stolz darauf, deine Mama zu sein. Du erdest mich, lässt mich zur Ruhe kommen und motivierst mich gleichzeitig, die beste Version meiner selbst zu sein und meine Ziele zu verwirklichen. Du bist mein Antrieb und für dich werde ich einfach immer weitermachen. Ich liebe dich, mein Sohn!

Tja, und meine Reise als Mama ist noch lange nicht zu Ende, denn aktuell bin ich schwanger mit unserem zweiten Wunder und bin schon gespannt, was für Herausforderungen auf mich als Zweifachmama warten. Egal was kommt, ich freue mich darauf und kann es kaum erwarten.

Rezeptübersicht

Frühstück

Herzhaftes

Backen – unsere Klassiker

Backen – besondere Anlässe

Süße Kleinigkeiten

Bildnachweis: www.janineoswald.de, Seite 4, 5, 7, 16, 26, 186, 187 | Shutterstock: Jenni Kupelian, Seite 6 | VectorMine, Seite 9 | Vorobyeva, Seite 10 | Syda Productions, Seite 20 | Stefanie Frances, Seite 27 | hlphoto, Seite 40, Joghurt | HandmadePictures, Seite 40 Currywurst, 66 | Pierre Leclerc, Seite 40 Gummibärchen | Olha Afanasieva, Seite 40 Müsli | Daria Saveleva, Seite 40 Ketchup | Ksenija Toyechkina, Seite 41, 56 Smoothie-Bowl | Agave Studio, Seite 41, 92 Gemüse-Quiche | Lyudmila Shabalovskaya, Seite 41, 112 Schoko Muffins | julpho, Seite 42 | Evgeniya Hook Media, Seite 44 | MaraZe, Seite 46 | MariaKovaleva, Seite 48 | Oksana Mizina, Seite 50, 86, 174 | Liliya Kandrashevich, Seite 52 | goodmoments, Seite 54 | Ria Peene, Seite 58 | epiximages, Seite 60 | Anna Kurzaeva, Seite 62 | Justyna Pankowska, Seite 64 | Dudits, Seite 68 | grafvision, Seite 70 | Focus and Blur, Seite 72 | sarsmis, Seite 74 | Malivan_Iuliia, Seite 76 | Geshas, Seite 78 | larik_malasha, Seite 80 | freeskyline, Seite 82 | canbedone, Seite 84 | Corinna Haselmayer, Seite 88 | Kcuxen, Seite 90 | Irina Rostokina, Seite 94, 142 | margouillat photo, Seite 96, 100 | Nadezhda Nesterova, Seite 98 | Foxys Forest Manufacture, Seite 102 | Anna_Pustynnikova, Seite 104 | Stolyevych Yuliya, Seite 106 | beats1, Seite 108 | SMarina, Seite 110 | Brent Hofacker, Seite 114 | ziashusha, Seite 116 | yingko, Seite 118 | Yulia Davidovich, Seite 120 | MShev, Seite 122 | NoirChocolate, Seite 124 | stockcreations, Seite 126 | Caplette Fanny, Seite 128 | Olga Vasilkova, Seite 130 | Mila Bond, Seite 132 | annata78, Seite 134 | Amallia Eka, Seite 136 | Africa Studio, Seite 138 | Anna Hoychuk, Seite 140 | Barbara Dudzinska, Seite 142 | Irina Rostokina, Seite 144 | A_Lein, Seite 146 | Natasha Breen, Seite 148 | DROBOT VIKTORIIA, Seite 150 | A_Lein, Seite 152 | Petrovich Nataliya, Seite 154 | Everyday green Cooking, Seite 156 | SUPERGAL, Seite 158 | AlexeiLogvinovich, Seite 160 | Vorontsova Anastasiia, Seite 162 | usmee, Seite 164 | Liudmyla Chuhunova, Seite 166 | LightField Studios, Seite 168 | Arina P Habich, Seite 170 | blackboard1965, Seite 172 | Yulia Furman, Seite 176 | Deniss Grigorjevs, Seite 178 | stockcreations, Seite 180 | marylooo, Seite 182 | Elena Shashkina, Seite 184
Illustrationen: Shutterstock: AuraArt | primiaou | vip2807

Bibliografische Information der Deutschen Nationalbibliothek
Die Deutsche Nationalbibliothek verzeichnet diese Publikation in der Deutschen Nationalbibliografie. Detaillierte bibliografische Daten sind im Internet über http://dnb.d-nb.de abrufbar.

Für Fragen und Anregungen
info@rivaverlag.de

Wichtige Hinweise
Sämtliche Inhalte dieses Buches wurden – auf Basis von Quellen, die die Autorin und der Verlag für vertrauenswürdig erachten – nach bestem Wissen und Gewissen recherchiert und sorgfältig geprüft. Alle Rezepte in diesem Buch wurden für den Thermomix® TM5 entwickelt und mit diesem getestet. Bitte beachten Sie: Der Mixtopf des Thermomix® TM5 ist größer als der des TM31 (Kapazität von 2,2 Litern anstatt 2,0 Liter beim TM31). Daher dürfen aus Sicherheitsgründen die Rezepte aus diesem Buch nur dann mit dem TM31 nachgekocht werden, wenn die Mengen angepasst wurden. Achten Sie auf die Füllstandsmarkierungen und überschreiten Sie die maximale Füllmenge nicht. Der Verlag und die Autorin haften für keine nachteiligen Auswirkungen, die in einem direkten oder indirekten Zusammenhang mit den Informationen stehen, die in diesem Buch enthalten sind. Thermomix® ist ein eingetragenes Warenzeichen der Vorwerk & Co. KG. Diese Publikation ist kein offizielles Lizenzprodukt der Vorwerk & Co. KG.

Ausschließlich zum Zweck der besseren Lesbarkeit wurde auf eine genderspezifische Schreibweise sowie eine Mehrfachbezeichnung verzichtet. Alle personenbezogenen Bezeichnungen sind somit geschlechtsneutral zu verstehen.

Originalausgabe
2. Auflage 2022

Türkenstraße 89
80799 München
Tel.: 089 651285-0
Fax: 089 652096

Redaktion: systemed Verlag, Lünen | Caroline Kazianka, Türkheim
Umschlaggestaltung: Laura Osswald, Catharina Aydemir, München
Umschlagabbildungen: www.janineoswald.de Autorinnen | Shutterstock: A_Lein, Nussecken | Agave Studio, Quiche Lorraine | Lyudmila Shabalovskaya, Schoko Muffins | Ksenija Toyechkina, Smoothie-Bowl | grafvision, Pizza | LightField Studios, Kiwieis
Layout und Satz: Die Knaben – Büro für Gestaltung | inpunkt[w]o, Haiger (www.inpunktwo.de)
Druck: Florjancic Tisk d.o.o., Slowenien
Printed in the EU

ISBN Print 978-3-7423-1310-2
ISBN E-Book (PDF) 978-3-7453-1008-5
ISBN E-Book (EPUB, Mobi) 978-3-7453-1009-2

Weitere Informationen zum Verlag finden Sie unter

www.rivaverlag.de

Beachten Sie auch unsere weiteren Verlage unter www.m-vg.de